Falten und Spielen

Falten und Spielen

Die schönsten Faltformen aus Papier,
dazu Verse, Lieder, Spiele und Geschichten
von Susanne Stöcklin-Meier
mit Aufnahmen von Niggi Bräuning

Orell Füssli Verlag Zürich

 1.–10. Tausend: September 1977
11.–17. Tausend: Januar 1978
18.–22. Tausend: September 1979
23.–28. Tausend: Oktober 1980
29.–34. Tausend: Oktober 1981
35.–40. Tausend: April 1983
41.–47. Tausend: März 1985
48.–54. Tausend: August 1987
55.–59. Tausend: September 1991
© 1977 by Orell Füssli Verlag Zürich und Wiesbaden
Fotos: Niggi Bräuning
Graphische Gestaltung: Wolfgang Quaiser
Gesamtherstellung: Orell Füssli Graphische Betriebe AG Zürich
Printed in Switzerland
ISBN 3 280 01454 9

Papier ist ein herrliches Spielmaterial und für Kinder jederzeit greifbar. Beim Falten verwandeln sich wertlose Zeitungen, Zettel und Packpapiere in lustige Spielsachen: Schiffe, Flieger, Taschen, Fische, Frösche oder Ziehharmonikas.

Schon als Kind faszinierte mich das spielerische Tun mit Papier. Grosstante Anna lehrte mich Einkaufsnetze schneiden und hübsche Osterkörbchen falten. Es erschien mir wie ein kleines Wunder, dass sich dünne, flache Papierblätter durch blosses Zusammenfalten und Einschneiden in dreidimensionale Netze verwandeln liessen. Nachmittagelang experimentierte ich mit ihrer Tragfähigkeit. Die grosse Frage war immer, reisst das Netz oder reisst es nicht, wenn man ein Steinchen, eine Nuss oder ein Schneckenhäuschen hineinlegt? Ich erinnere mich noch genau an das Glücksgefühl, das mich durchrieselte, wenn ich neben der strickenden Grossmutter in der Stube am Tisch sass und versuchte, Postkartenschachteln zu falten. Wir teilten die erwartungsvolle Spannung: kommt das Bild vorteilhaft auf dem Schachteldeckel zur Geltung oder nicht?

Papierfalten ist eine exakte, traditionelle Technik. Sie fördert die motorische Geschicklichkeit der Hände, entwickelt beim Kind Sinn für exaktes Arbeiten, Ausdauer und Geduld. Faltformen geben Denkanstösse zum Spielen, Erfinden, Experimentieren.

Alle Faltformen müssen dem Kind von Erwachsenen gezeigt werden, bevor es sie selbständig nachahmen kann. Das tönt höchst selbstverständlich, beinhaltet jedoch einen psychologisch wichtigen Ablauf. Zeigen, erklären, das bedeutet soviel wie Zuwendung, wie: «Ich nehme mir Zeit für dich. Ich vermittle Dir etwas, teile mich dir mit.» Das Kind, der Empfänger dieser unausgesprochenen Botschaft, fühlt sich angenommen in diesem Kreislauf von Zuwendung und Wohlwollen, von Geben und Empfangen. Durch diese liebevolle Zuwendung des Erwachsenen zum kleinen «Faltschüler» entsteht ein positiver zwischenmenschlicher Kontakt, der für die gesunde seelische Entwicklung des heranwachsenden Menschen von enormer Bedeutung ist. Sein Selbstwertgefühl und sein Selbstbewusstsein werden dadurch gestützt und gefördert.

«Falten und Spielen» ist weit mehr als ein Bastelbuch. Es will Spielmöglichkeiten aufzeigen und Verse, Lieder und Geschichten zur jeweiligen Faltform vermitteln. Es bietet Anregungen für unzählige Stunden fröhlichen Kinderspiels. Für Kinder ist nicht das Faltprodukt, sondern der Spielanstoss das Wichtigste. Sie falten Hüte für einen Umzug am Geburtstagsfest. Ein Häubchen kann ein Mädchen in eine Krankenschwester verwandeln und ein Hut mit Federbusch einen Knaben zum Reiter erheben. Badewannen verwandeln sich in Weltmeere und Bächlein in schiffbare Ströme, wenn ganze Flotten von Papierschiffen darauf schwimmen.

Die hohe Kunst des Papierfaltens heisst Origami. Sie stammt aus Japan und ist ein Bestandteil der japanischen Kultur. Sie hat faszinierende Variationen von Faltformen hervorgebracht, das fliegende Vögelchen etwa, die japanische Dame oder den betenden Mohammedaner. Leider sind die japanischen Faltformen für uns meistens zu schwer, und sie sind schon gar nicht für Kinder geeignet.

Der Grundstock zu dieser Faltsammlung stammt aus der Erinnerung meiner Kindheit und Ausbildungszeit im Kindergarten-Seminar Marzili, Bern. Im Laufe der Jahre sind immer mehr Formen dazugekommen. Zusammengetragen wurden sie unter dem Aspekt: was können unsere Kinder falten? Die Seerose aus dem

5

Papiertaschentuch fand ich, als das Buch schon fast fertig war, bei Bekannten in unserem Dorf. Auch die zweiundfünfzigstufige Faltgeschichte für Fortgeschrittene ist mir erst im letzten Moment unter die Augen gekommen. Sie bereitete mir sehr viel Kopfzerbrechen. Gross war die Frage: Wie bringt man eine so komplizierte Faltform aufs Papier? So, dass sie der faltgewandte Leser wieder in Wort und Papier umsetzen kann?

Die Faltformen sind unterteilt in: *Allerlei, Hüte, Am See, Beim Einkaufen, Aus dem Quadrat, Bauernhof, Vom Schmetterling zur Kugel.*

Unter *Allerlei* sind die einfachsten Faltformen zusammengefasst. Da ist etwa die «Hexenstiege», aus der sich je nach Geschicklichkeit des Faltkünstlers Handörgeli, Zappelmännchen oder Schlangen falten lassen. Welcher Bub, welches Mädchen möchte nicht selber fotografieren? Der Papierfotoapparat ermöglicht es. Der Fangbecher fördert die Geschicklichkeit, und mit den Töggeli lassen sich herrliche Wettrennen blasen.

Kinder lieben *Hüte* jeder Art. Sie sind für Rollenspiele eine Fundgrube. Vom Jägerhut bis zum Turban sind alle Modelle anzutreffen, dazu viele Lieder für Umzüge und Tänzchen.

Wasser und Papierschiff gehören zusammen. Es lässt sich aber auch herrlich im Trockenen mit Schiffen, Fröschen und Seerosen *Am See* spielen.

Jedes Kind hat irgendwo ein Krämerherz. Einpacken, auspacken, abwägen, auszählen, einfüllen, bezahlen und Geld einkassieren, das alles finden Kinder grossartig. *Beim Einkaufen* finden sie alles Nötige zum «Verchäuferle», viele Ideen aus Papier, dazu Verse und Spiele.

Dem Kapitel *Aus dem Quadrat* habe ich besondere Aufmerksamkeit geschenkt. Hier erscheint mir ein sorgfältiger Aufbau beim Vermitteln besonders wichtig, weil sich aus derselben Grundform so viele verschiedene Faltformen ableiten lassen: Zelt, Karussell, Segelschiff, Haus, Brief, Salzfass, Drachen, Fisch, Dampfschiff, Schildkröte und Osterkörbchen. Das Angebot der Faltformen in Familie und Kindergarten richtet sich selbstverständlich nach dem Können der Kinder. Wenn die Ausgangsform ein Quadrat ist, überzeugen Sie sich vor dem Falten, dass Sie auch wirklich ein Quadrat benutzen. Nur dann haben Sie Gewähr, dass die Faltfigur auch wirklich gelingt!

Rund um den *Bauernhof* entsteht eine kleine Welt aus Papier. Die Rösslein grasen auf der Weide. In den Tannen hinter dem Haus rauscht der Wind, und auf dem Hof spielen die rosigen Schweinchen…

Vom Schmetterling zur Kugel ist das anspruchsvollste Kapitel. Besonders eindrücklich finden Kinder immer wieder das Aufblasen von Teufel und Kugel. Wer versucht es?

Da alle gefalteten Grundkörper dreidimensionale Gebilde sind, erschienen mir die üblichen Faltzeichnungen ungenügend. Ich versuchte erstmals, Stufe für Stufe einer Faltfigur in Papier zu falten und auf einen Bogen zu kleben. Diese Faltbogen fotografierte Niggi Bräuning in seinem Atelier. Dank dieser Technik lassen sich nun die Faltformen, mit einer knappen Beschreibung versehen, leicht ablesen. Auf Zeichen wurde möglichst verzichtet. Ab und zu waren Pfeile nötig, die die Faltrichtung angeben. Dieses Zeichen bedeutet ↷ : Papier wenden. Für jede Faltform wurde eine Doppelseite reserviert. So lässt sich nun «Falten und Spielen» bei jeder Figur gut überblicken. Ein deutliches «Sachfoto» und ein «Stimmungsbild» spielender Kinder runden den Eindruck jeder einzelnen Faltfigur ab. Alle Bilder sind in enger Zusammenarbeit von Fotograf, Autorin und Kindern entstanden.

Beim Suchen von passenden Versen, Liedern und Geschichten öffneten sich mir neue Perspektiven. Ich stellte plötzlich fest, dass es etwa zu «Flieger» keine Mundart-Reime gibt. Also machten wir aus der Not eine Tugend und «dichteten» mit viel Spass in der Familie Verse wie:

I wett, i wett, i wett
e Tschumbo – Tschumbotschet!

Santichlaus, du liebe Ma,
gäll i darf e Flugi ha?
Aber nid e Chläpperchaschte,
eine, won i cha go braschte.

So stehen nun in «Falten und Spielen»
neben überlieferten Kinderreimen auch viele
neue. Die Zeit wird zeigen, wie «echt» sie sind.
Unter «echt» verstehe ich Verse, die sich un-
beschwert im heutigen Kinderalltag durch-
setzen und spielerisch gebraucht werden. Beim
Drachenfalten entstanden die Verse:

Drache, Drache i der Höhli,
chumm use, grüene Löhli!

Drache schwanze,
Tüfle tanze,
Blitze chrache,
Drache lache.

Das Postkartenschachtelfalten regte zu fol-
gendem Sprüchlein an:

S Schächteli
im Trückli,
ir Trucke,
ir Schachtle
isch chlyn.

Das Portemonnaie aus Papier entlockte uns
diesen Reim:

Bonjour, Jumpfer Dorothee,
i hätt gärn es Portemonnee!
Es grosses oder es chlys?
Nenei, numme es rychs!

Auch Osternestverse scheinen rar zu sein,
also machten wir neue:

Näscht, Näscht, Oschternäscht,
Meitli, Buebe, suechet fescht!
Schoggihas und Zuckerei,
dä, wo s findet, dää treit s hei

Diese einfachen Beispiele zeigen, dass es
ohne weiteres möglich ist, mit Kindern, die ge-
wohnt sind, mit traditionellem Volksgut umzu-
gehen, auch Neues entstehen zu lassen. Was mit
Worten möglich ist, sollte auch mit Faltformen
gelingen. Kinder, die traditionelle Faltfiguren
kennen, sind imstande, auch eigene, neue
Varianten zu erfinden. Sie werden durch
«Falten und Spielen» angeregt zu eigenem
schöpferischem Tun, sei dies nun in einer
Zweierbeziehung, allein oder in der Gruppe.

Allerlei

Handörgeli

Das Handörgeli entsteht aus einer «Hexenstiege». Diese Faltform ist einfach und in vielen Varianten zu gebrauchen, je nach Geschicklichkeit des Faltkünstlers. Er kann breite, schmale, lange, kurze Papierstreifen verwenden und daraus die verschiedensten Dinge formen: Kränze, Ketten, Schlangen, Drachen, Weihnachtsschmuck oder lustige Zappelmännchen.

Örgeli-, Örgeli-, Örgelima,
muescht emal es Feuferli ha,
hüt en Rappe, morn en Rappe
git e rächti Zipfelchappe.

Ich hab' eine Ziehharmonika   G. Losch

Ich hab' ei - ne Zieh-har-mo-ni-ka. Tsching de-ras-sa, tsching-de-ras-sa-bum.

Sie spielt so schö-ne Lie - der, sie spielt sie im-mer wie - der. Ich

hab' ei - ne Zieh-har-mo-ni - ka, tsching-de-ras-sa, tsching-de -ras-sa-bum.

Mit Genehmigung des Voggenreiter-Verlages Bad Godesberg aus «Kinderspiele»

Beim Auseinanderziehen und Zusammenstossen des Handörgelis rhythmisch zu sagen:

Pooooooootz
Humpänggäng
Hutädädä
Chüngelibock
Eiertätsch
Hüenerdräck
Ankepapier

Faltpapier: Zwei 70 cm lange und 8 cm breite Streifen aus festem Papier.

1 Einen Streifen über den andern legen.

2 Nun biegt man den unten liegenden über den obern Streifen. Dann faltet man in der gleichen Weise stets den untern Streifen über den obern, so dass ein treppenähnliches Zackengebilde entsteht.

3 Am Ende der Streifen klammern wir Griffe an, damit wir unser Handörgeli gut auf und zu ziehen können beim Spielen. Wir nehmen für die Griffe zwei in die Hälfte gefaltete Papierstreifen von 16 cm Länge und 2 cm Breite.

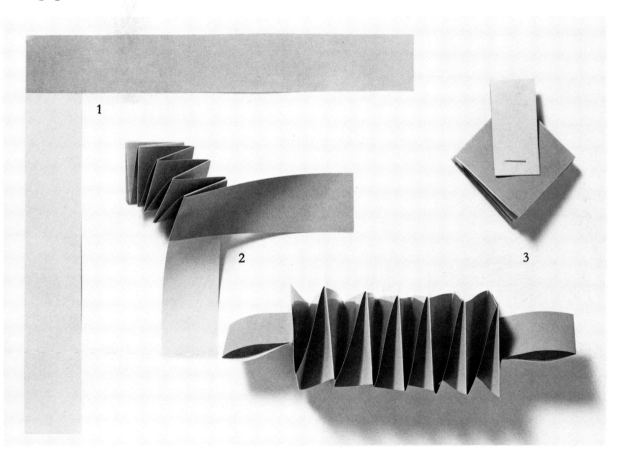

Zappelmännchen

Zäh chlyni Zappelmännli
zapple zringelum.
Zäh chlyni Zappelmännli
finde das nid dumm.

Zäh chlyni Zappelmännli
schlüfe ines Versteck.
Zäh chlyni Zappelmännli
si uf einisch wägg.

Zäh chlyni Zappelmännli
zapple hin und här.
Zäh chlyni Zappelmännli
finde das nid schwär.

Zäh chlyni Zappelmännli
zapple uf und ab.
Zäh chlyni Zappelmännli
finde das ganz glatt.

Mys Bääbeli mues tanzet haa

Mys Bää - be - li mues tan - zet haa, mues
tan - zet haa, mues tan - zet haa, mys Bää - be - li mues
tan - zet haa zum tra - la - la - la - la.

Mys Bääbeli macht ales naa,
macht ales naa, macht ales naa,
mys Bääbeli macht ales naa,
zum tra-la-la-la-la.

Faltpapier: 8 Papierstreifen, 1 Bier-
deckel und Zeichnungspapier.

Wir falten vier Hexenstiegen für
Arme und Beine. Dann überziehen
wir einen Bierdeckel mit Zeich-
nungspapier und kleben Augen und
Mund auf. Für die Haare schneiden
wir einen Papierstreifen ein und
drehen «Locken». Diese kleben
wir am Bierdeckel fest, ebenso
Arme und Beine. Es fehlen uns
jetzt noch Füsse und Hände. Die
schneiden wir aus Zeichnungs-
papier und kleben sie ans Ende der
passenden Hexenstiege. Unser
Zappelmännchen hüpft und zappelt
besonders schön, wenn wir oben
am Kopf einen dicken Gummifaden
festknüpfen. Auf dieselbe Weise
lassen sich auch Zappeltiere basteln.

13

Fotoapparat

Dieser Fotoapparat ist einfach zu falten. Welches Mädchen, welcher Bub möchte nicht selber fotografieren? Hier bietet sich ihnen die grosse Chance. Jedes Kind kann durch die Linse gucken, abdrücken und den «Film» gleich entwickeln. Dazu zeichnet es auf kleine Notizzettel mit Bleistift oder Filzstift das gewünschte Bild. Sie werden staunen, wie schnell alle Familienmitglieder porträtiert sind. Auch Bären und Puppen im Kinderzimmer freuen sich über gute Aufnahmen. Bäume, Häuser, Kirchen, Wolken, Autos und Züge sind dankbare Motive. Wie wär's mit einer Tierbild-Sammlung beim nächsten Zoobesuch?

Bitte rächt fründlech!
Schön lächele!
Säget alli: Tschiiiiis!

Lueg, wo s Vögeli use chunnt!
Achtung, jetz! Gligg: piiiiips!

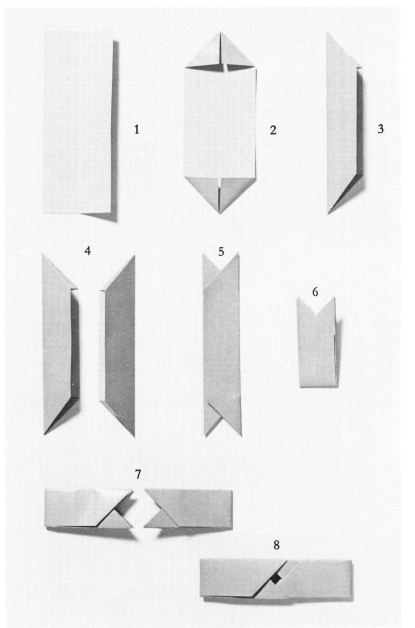

1   2   3

4   5   6

7

8

Faltpapier: 4 Streifen festes Papier mit glatter Oberfläche.

1 Streifen längs in die Hälfte legen.

2 Alle Ecken zur Mitte falten.

3 In die Hälfte legen.

4 + 5 Je zwei Streifen, wie Abbildung zeigt, ineinanderlegen.

6 Die vier Spitzen an den Enden exakt aufeinanderfalten.

7 + 8 Die Spitzen der zwei so entstandenen doppelten Teile sorgfältig ineinanderschieben. Und unser Fotoapparat ist schnappschussbereit. Die «Linse» lässt sich beim «Abdrücken» mühelos auf und zu schieben.

Becher

Diese Faltform ist einfach und vielfältig. Sie lässt sich als Trinkbecher oder Fangbecher verwenden und verwandelt sich sogar in einen Türkenfez oder in eine Handtasche. Mit Papierbechern lässt sich lustig anstossen:

Pröschtli fürs Möschtli!

Trink eis, trink eis!
Gärn, gärn, gärn!

Chäs u Brot u Wi,
la du mir mi Nase si!

Halli, hallo, das weis i scho,
im Kaffi inne hockt e Floh!

Fangbecher-Spiel

Für jeden Spieler wird ein Stück Silberpapier zwischen den Händen zur Kugel gerollt. Sie wird auf einen 50 cm langen Wollfaden aufgezogen und am Becherrand festgeknüpft. Es gilt nun, die Kugel möglichst oft hintereinander mit dem Becher zu fangen. Vor dem Fangen singen wir:

Gug-ger uf im brei-te Loh,
rot, wie mängs Johr läb i no?

Jeder Fang zählt ein Leben. Wer das Kügelchen nicht erwischt, scheidet aus. Wie alt wird der Sieger: fünf, zehn, einundzwanzig oder hundert Jahre?

16

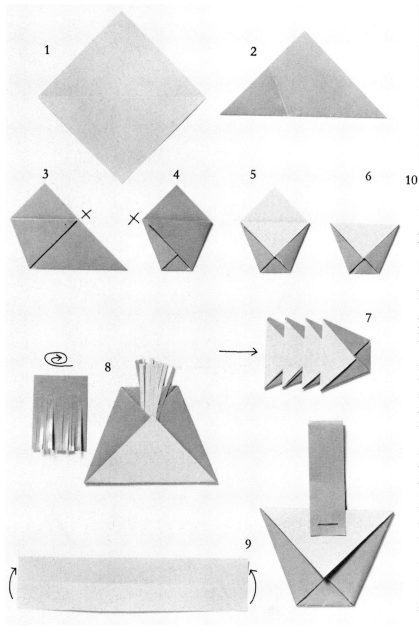

10

Faltpapier: Quadrat

1 + 2 Das Quadrat zu einem Dreieck falten.

3 Linke untere Ecke auf Punkt × biegen, Bruchkante feststreichen.

4 Rechte untere Ecke auf Punkt × führen, feststreichen.

5 + 6 Die oben entstandenen losen Dreiecke nach vorn und hinten herunterfalten.

7 *Trinkbecher:* Aus Pergamentpapier gefaltete Becher sind wasserundurchlässig. Beim nächsten Picknick zu Hause vorfalten, ineinanderschieben und mitnehmen!

8 *Türkenfez:* Aus einem grossen umgestülpten Becher entsteht ein Türkenfez. Wir schmücken ihn mit einer Papierquaste. Für die Quaste wird ein Papierstreifen zusammengerollt, und am einen Ende werden feine Fransen eingeschnitten.

9 *Tasche:* Ein grosser Becher wird zur Handtasche, wenn wir einen gefalteten Papierstreifen beidseitig am obern Becherrand anklammern.

10 *Fangbecher* (Seite 16)

17

Männchen

Manndeli, Froueli, Hochzyt ha,
beidi nid gar hübschi:
ds Manndeli isch e Türlistock,
ds Froueli isch es Tütschi.

Manndeli, Froueli, Hochzyt ha,
chumm, mer wei es Schöppli ha,
Chäs u Brot u Wy derzue,
morn am Morge hei mer gnue.

Gigeli, gigeli hopsassa,
d Frau isch Meister u nid der Ma.

Mi Frau heisst Annakäth,
we se numme der Gugger hät,
we numme der Bisluft chäm
u se mit nach Holland nähm.

Hansruedeli heiss i,
schön bin i, das weiss i,
Läderstifeli träg i,
tusig Gulde han i,
Ross und Schloss verman i,
bin i nid e riche Ma,
wenn i non es Froueli ha?

Wenn i emol es Mandli ha,
so weiss i, was i tue.
I steck ne ine Habersack
und bind ne obe zue.
Und wenn er rüeft:
«Mach uf, mach uf!»
De bind i ne no feschter zue
und hocke obe druf.

E Frou und e Ma,
jetz faht der Spruch a,
e Chue und es Chalb,
jetz isch der Spruch halb.
E Geiss und es Gitzi,
jetz ischs non es Bitzi,
e Chatz und e Mus,
jetz is der Spruch us.

Töggeli blasen

Zwei oder mehr Spieler stellen ihre Töggeli
vor sich auf den Tisch. (Es sollte ein Tisch mit
glatter Oberfläche sein.) Auf «los» blasen sie
ihre Männchen um die Wette zum andern
Tischrand. Es sieht lustig aus, wenn die Tög-
geli, wie von Geisterhand getrieben, über
den Tisch flitzen. Männchen, die umfallen oder
mit der Hand berührt werden, scheiden aus.

18

Faltpapier: Streifen aus Zeichnungs-papier.

1 + 2 Wir falten einen Papier-streifen in die Hälfte

3 und zeichnen ein Männchen darauf. Wer Lust hat, kann seitlich die Konturen etwas nachschneiden.

19

Hüte

Einfacher Dreispitz und Tanne

Kinder lieben Hüte jeder Art. Mit Hilfe der Kopfbedeckung verwandeln sie sich im Rollenspiel in Jäger, Wikinger, Holländerinnen, Zwerge, Bischöfe, Reiter oder Tambouren.
Papierhüte bieten Sonnenschutz und geben jedem Kinderfest eine fröhliche Note.

Eis, zwöi, drü,
dipi, däpi, dü,
dipi, däpi, Hageldorn,
i der Müli mahlt me s Chorn,
i der Müli isch e Müller,
er het es strubigs Chäppli uf
und eis, zwöi, drü roti Fäderli druf.

Hopsa, Liseli, d Freud isch us,
s Hüetli ab und s Hübli uf,
s Hübli wär no nid so schwär,
wenn i grad no ledig wär.

Fritig, Samstig, Sunntig z Nacht
isch der Joggeli uf der Wacht.
Er het es chlyses Hüetli uff
und es Püscheli Nägeli druff,
drü Nägeli und e chly Rosmeri,
s chönnt gwüss keis schöners
Strüssli si.

Mein Hut, der hat drei Ek-ken, drei
Ek-ken hat mein Hut, und
hat er nicht drei Ek-ken, dann
ist es nicht mein Hut.

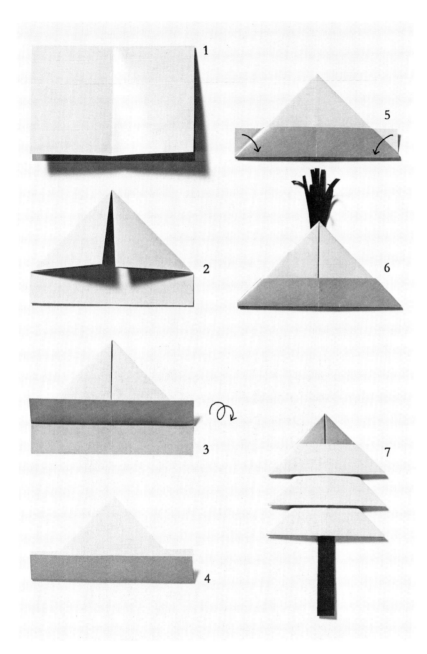

Faltpapier: Doppelter Zeitungsbogen oder Packpapier.

1 In die Hälfte legen.

2 Ecken zur Mitte falten.

3 Rand hochschlagen und wenden.

4 Auch auf dieser Seite den Rand hochschlagen.

5 Die vorstehenden vordern Enden nach hinten falten.

Die hintern Enden nach vorn falten. Anleimen oder festklammern.

6 Wir verzieren den Hut mit einem Papierbusch.

7 Stecken wir mehrere Dreispitze über einen Stock, entsteht eine Tanne. Jeder Hut wird mit Klebstreifen jeweils an seiner Spitze am Stock befestigt.

Jägerhut

Zwischen Berg und tiefem Tal

Zwi-schen Berg und tie-fem, tie-fem Tal sas-sen einst zwei Ha-sen,

fras-sen ab das grü-ne, grü-ne Gras, fras-sen ab das grü-ne, grü-ne Gras

bis auf den Ra-sen.

Als sie sich nun satt gefressen hatten,
legten sie sich nieder,
bis dass der Jäger, Jäger kam,
bis dass der Jäger, Jäger kam
und schoss sie nieder.

Als sie sich nun aufgerappelt hatten,
und sich besannen,
ob sie auch noch Leben hatten,
ob sie auch noch Leben hatten,
hüpften sie von dannen.

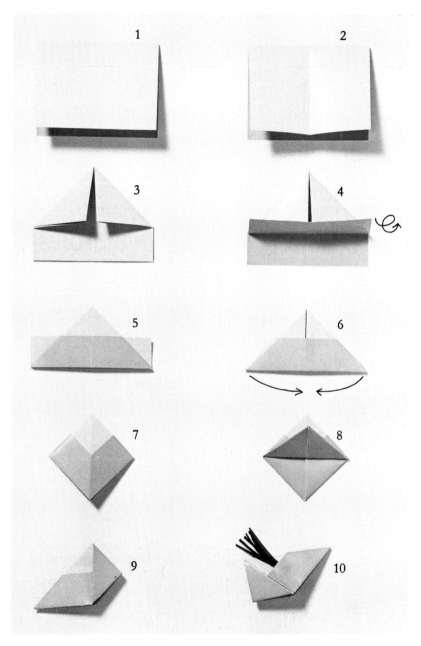

Faltpapier: Doppelter Zeitungsbogen oder festes Papier.

1 Papier in die Hälfte legen.
2 Senkrechte Mittellinie falten.
3 Ecken zur Mitte falten.
4 Rand hochschlagen, wenden.
5 Rand hochschlagen. Die vorderen Enden nach hinten falten, die hinteren nach vorn.
6 + 7 Unten öffnen, Ecken aufeinanderlegen.
8 Vordere Ecke zur Spitze falten.
9 Unser Hut hat nun ein stumpfes und ein spitzes Ende.
Wird das spitze Ende im Nacken getragen, ist es ein Regenhut.
10 Kehren wir ihn um, entsteht ein Jägerhut. Wir schmücken diesen mit einem farbigen «Federbusch». (Papierstreifen einschneiden, aufrollen, hinter den Rand stecken. Anklammern oder leimen.) Damit der Hut beim Jagen nicht vom Kopfe fällt, Gummifaden anbringen.

Seit me Gemsfäderli uf
oder am Huet?
Kes vo beidem, nume Vögel hei Fädere!

Myn Vater isch en Jeger,
er treit en grüene Huet,
und wenn de Wald voll Hasen ischt,
so schüsst myn Vater guet.

Nid en jedere, nid en jedere
het Pulver zum Jegere.
Nid en jedere, nid en jedere
het Pulver wo brönnt.
Nid en jedere, nid en jedere
het Schnupftubak.
Nid en jedere, nid en jedere
het Anke im Sack.

Do düre geit es Wägli,
do düre springt es Häsli,
dä isch der Jeger,
dä schiesst s,
dä chocht s,
dä isst s,
und der Chlynscht,
dä schläckt s Tällerli us.

Der Jäger mit der neue Bix
macht viel pum pum,
aber treffe tuet er nix.

I bi der Federehans
und du de Heine,
i han e Federeschwanz
und du e keine.

E Jeger und si Hund
gseh e Has. Und?
Si wei ne ha. Aber?
Der Has springt i Haber!

Chlyni Chügeli mues me giesse,
we me Vögeli wott schiesse.
Ds Schwiegermüetti mues me
grüesse,
wenn s Schätzli nid söll büesse.

Jäger-Fangspiel
Der tüchtigste Spieler ist Jäger und trägt einen
Stock als Gewehr. Ein wendiges Kind ist
Hase, und die anderen sind Hunde. Jeder Spie-
ler prägt sich die Umgrenzung des Spielfeldes
ein. Unterdessen hat der Hase den notwen-
digen Vorsprung gewonnen, und die verwe-
gene Jagd beginnt unter Jubel und Gebell.
Der Hase sucht mit List den ihn umkreisenden
Hunden zu entwischen; aber mit vereinten
Anstrengungen werden sie seiner habhaft und
führen ihn vor den Jäger; der bringt ihn mit
einem Schuss zur Strecke.

Breitrandiger Hut

Vorwärts, Batelion

Rä - be - te,   rä - be - te, pläm pläm pläm, pläm... ... ...

rä - be - te,   rä - be - te, pläm pläm pläm, Vor-wärts, Ba - te - lion!

Räbete, räbete, glingglinggling,
glingglinggling, glingglinggling,
räbete, räbete, glingglinggling,
Vorwärts, Batelion!

Räbete, räbete, tschintschintschin,
tschintschintschin, tschintschintschin,
räbete, räbete, tschintschintschin,
Vorwärts, Batelion!

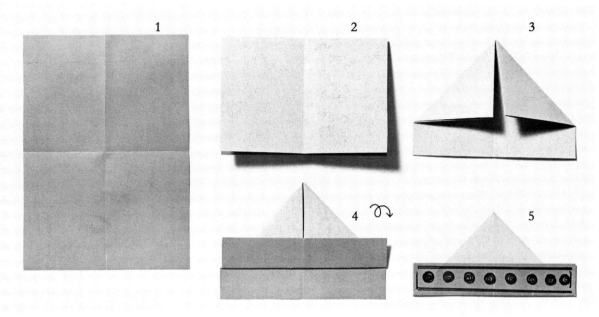

Faltpapier: Festes Papier, ungefähr 51 × 34 cm.

1 + 2 Papier in die Hälfte legen, Mittellinie falten.

3 Ecken zur Mittellinie falten.

4 Rand hochschlagen, wenden.

5 Rand hochschlagen, aussen zusammenklammern und mit Mustern bemalen oder mit Buntpapier dekorativ bekleben.

Holländerhäubchen

Wir fahren heut nach Holland

Zwei Reihen Kinder stehen sich gegenüber.
Sie singen im Wechselgesang. Vor jedem Sin-
gen tritt die singende Reihe einen Schritt vor.
Nach dem Gesang tritt sie wieder einen Schritt
zurück:

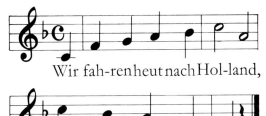

Wir fah-ren heut nach Hol-land,

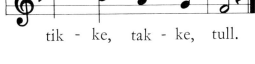

tik - ke, tak - ke, tull.

Ge-stern a-bend in dem Kel-ler

as-sen sie von ei-nem Tel-ler,

ge-stern a-bend in der Nacht

hat der Storch ein Kind ge-bracht.

B: Was wollt ihr denn in Holland…
A: Da wohnt ja unsre Tante…
B: Was wollt ihr bei der Tante…
A: Sie hat ein kleines Baby…
B: Wie soll das Baby heissen…
A: Es kann ja (Anneli) heissen…
B: Und wer soll denn der Bräutigam
sein…
A: Es kann ja der (Hansli) sein…
B: Und was soll das Geschenk
sein…
A: Es kann ein Sack voll Küsse
sein…

Zum Schluss des Spieles wird gesungen:

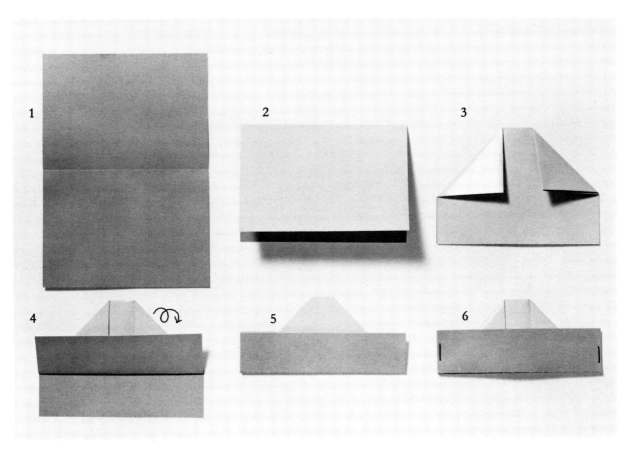

*Faltpapier: Festes Papier, ungefähr
43×54 cm.*

1 + 2 Papier in die Hälfte legen.

3 Ecken so umfalten, dass in
der Mitte noch ein freies Feld sicht-
bar bleibt.

4 Rand hochschlagen, wenden.

5 Rand hochschlagen.

6 Die Ränder des Häubchens
seitlich zusammenklammern. Stoff-
bändel zum Binden anbringen.
Häubchen mit Verzierungen
schmücken.

Mit Hüten zu tanzen

Annebäbeli, lüpf der Fuess

An-ne - bä - be - li, lüpf der Fuess, wenn i mit der tan-ze muess.

Tan-ze cha-n-i nid - e lei, An-ne bä - be - li, lüpf dys Bei.

Schweschterli, kumm tanz mit mir

Schwesch-ter-li, kumm tanz mit mir, bai-di Händ-li gib ych dir.

Ai-mol hi, ai-mol här, zrin-gel-um, das isch nit schwär!

Mit de Fiessli trapp, trapp, trapp,
mit de Händli klapp, klapp, klapp.
Aimol hi…

Mit em Kepfli nigg, nigg, nigg,
mit em Finger tigg, tigg, tigg.
Aimol hi…

Tanz emole ganz elai,
heb dy Reggli, lipf dy Bai.
Aimol hi…

Kumm, mer fehn vo vorne a,
gumpe, tanze, hopsassa.
Aimol hi…

Hüt tanzt Joggelima

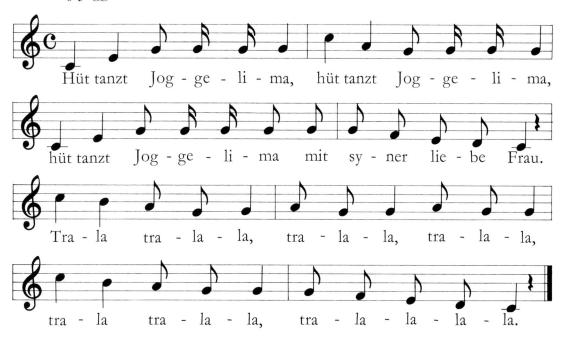

Hüt tanzt Jog - ge - li - ma, hüt tanzt Jog - ge - li - ma,

hüt tanzt Jog - ge - li - ma mit sy - ner lie - be Frau.

Tra - la tra - la - la, tra - la - la, tra - la - la,

tra - la tra - la - la, tra - la - la - la - la.

Är leit Stifeli a (3×) und si die
putzte Schueh.

Är leit s Chäppeli a (3×) und si
der Fäderehuet.

Är bysst s Würschteli a (3×) und si
cha s Zipfeli ha.

Eine kleine Zipfelmütze

Ei-ne klei-ne Zip-fel-müt-ze geht in un-serm Kreis her-um. Ei-ne klei-ne

Zip-fel-müt-ze geht im Kreis her-um. Drei-mal drei sind neu - ne, du

weisst schon, wie ichs mei - ne. Drei-mal drei sind neu - ne, und

eins da-zu sind zehn. Zip-fel-mütz, bleib stehn, bleib stehn, bleib stehn.

Die «Zipfelmütze» zieht singend um den
Kreis. Auf «bleib stehn» verneigt sie sich
und fordert ein Kind auf mitzukommen. Mit
jedem Umgang wird der Schweif der «Zipfel-
mütze» länger. Der letzte Spieler beginnt
als «Zipfelmütze» das neue Spiel.

Hänschen klein

Häns-chen klein ging al-lein in die wei-te Welt hin-ein,

Stock und Hut stehn ihm gut, ist auch wohl-ge- mut.

A-ber Ma-ma wei-net sehr, hat ja nun kein Häns-chen mehr,

da be-sinnt sich das Kind, kehrt nach Haus ge-schwind.

Dieses einfache Kinderlied eignet sich ausgezeichnet für eine Polonaise.

Bischofshut

Samichlous, i bitt di,
schänk mer doch es Riti,
es Rössli, wo ne Sattel het,
süsch gani lieber grad i ds Bett.

I predige, was i weiss,
von ere alte Geiss,
si het der Schwanz verlore
vor hunderttusig Johre,
si het ne wider gfunde
und hinde ane bunde.

Det hinde bi de Linde,
wo der Gugger schön singt,
da tanzet de Waldbrueder,
bis em d Chutte verspringt.

Heilige Sant Vit,
weck mi zur Zit,
nüd z früe und nüd z spot,
dass s Brünneli nüd is Bettli goht.

Wenn der Abt go schisse goht,
so goht er hinder s Hus,
und wenn er kei Papiirli findt,
so butzt er mit der Fuscht.

Üse Herr Pfarrer
isch ou en Himmelsfürscht.
U we die Bure metzge,
so frisst er ine d Würscht.

Dört unde bi Basel,
drei gueti Halbstund,
dört gange drei Pfaffe
und e rüdige Hund.

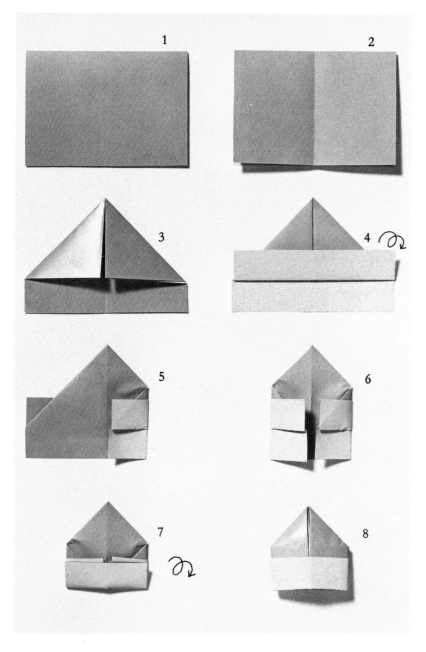

Faltpapier: Doppelter Zeitungsbogen oder Packpapier ungefähr 75 × 50 cm.

1 Papier in die Hälfte legen.
2 Senkrechte Mittellinie falten.
3 Ecken zur Mitte falten.
4 Rand hochschlagen, wenden.
5 Rechte Seite zur Mitte falten.
6 Linke Seite zur Mitte falten.
7 Rand hochschlagen, wenden.
8 Bischofsmütze mit Scheren-schnitten verzieren.

Für den Bischofsstab falten wir eine kleine Bischofsmütze und schieben unten in die Öffnung eine Papierrolle.

37

Nachtkappe

Anneli, Zusanneli,
stand uf und mach es Liecht.
I ghören öppis pöpperle,
i mein, es sig e Dieb!
Nenei, Mama, nenei, Papa,
s isch nume der Vetter vo Amerika,
mit syner länge Pfyffe,
het hunderttusig Löchli dra,
jetz chan er nümme gryfe.

Znacht am halbi zwei
chunnt der Glünggi hei.
I mues us em Schlaf verwache
und im Glünggi s Kaffi mache.

Muetter, lueg do,
s isch e Bueb do,
zünd es Liecht a,
dass er ine cha.
Mueter, gib em Chrut,
i ha ne scho bim Tschupp.

Znacht, wenn der Mond schint,
täppelets uf der Brügge.
Es treit der Hans sis Gretli hei
uf em chrumme Rügge.

Znacht nid undere
und am Morge nid uf,
das isch bi allne fule Lüt der Bruch.

I wünsch der guet Nacht,
vo Rose es Dach,
vo Zimmet e Tür,
vo Rosmarin e Rigel derfür.

Faltpapier: Doppelter Zeitungsbogen oder Packpapier ungefähr 75 × 50 cm.

1 Papier in die Hälfte legen.
2 Senkrechte Mittellinie falten.
3 Ecken zur Mitte falten.
4 Rand hochschlagen, wenden.
5 Hintere Ränderecken nach vorne biegen.
6 Beide Seiten zur Mitte falten.
7 Spitze zur Mitte hinunterfalten.
8 Rand hochschlagen.
9 Spitze herausziehen und mit

Wollfaden Papierquaste anklammern.
Rand rundum verzieren.

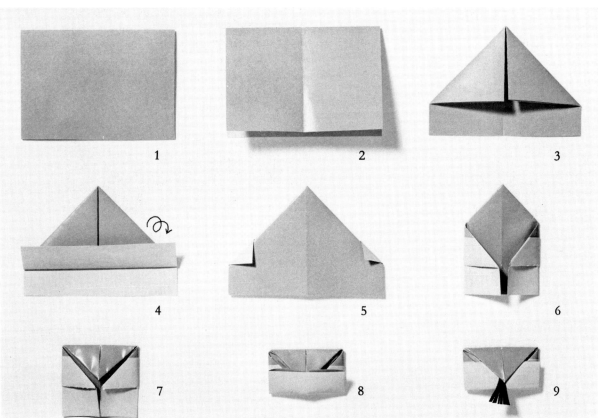

Wikingerhut

Faltpapier: Quadrat 50×50 cm.

1 Diagonale falten.

2 Rechte Ecke zur Mitte falten.

3 Linke Ecke zur Mitte falten.

4 + 5 Aufliegende Ecken zur Spitze falten.

6 + 7 Rechts und links zurückbiegen, so dass diese schmalen «Flügelchen» entstehen.

8 Diesen Teil nach oben umschlagen.

9 Rand nochmals umfalten, wenden.

10 + 11 Hut öffnen und Ecken aufeinanderlegen.

12 Ecke nach oben falten, wenden.

13 Ecke nach oben falten. Den Hut wieder öffnen.

14 So sieht das Endergebnis aus.

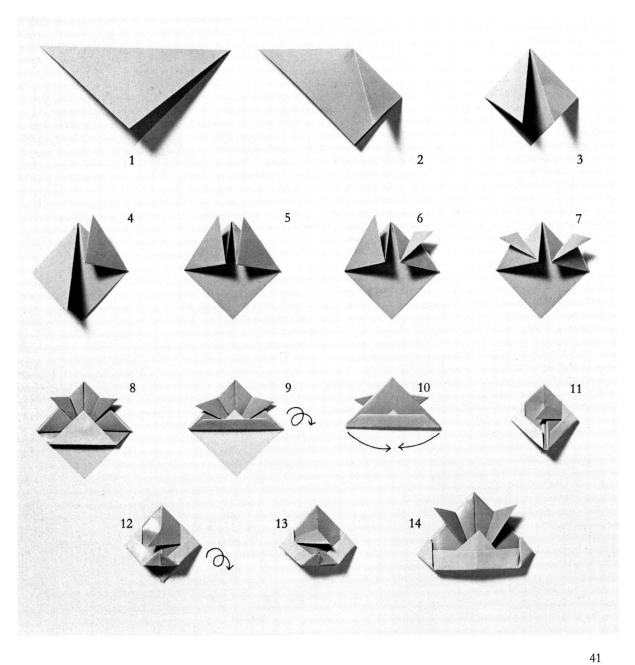

Turban

Faltpapier: Rechteckiges Packpapier ungefähr 74 × 100 cm.

1 Papier in die Hälfte legen.

2 Bruchkante 2 cm umfalten, wenden.

3 Mittellinie falten.

4 Ecken zur Mitte falten.

5 + 6 Rand zweimal umschlagen, wenden.

7 Rand zweimal umschlagen, wenden.

8 Rechte Ecke zur Mitte falten, das Ende unter die mittlere Lasche stecken.

9 + 10 Linke Ecke zur Mitte falten, das Ende unter die Lasche stecken, wenden.

11 Spitze nach unten einschlagen und in die Tasche am untern Rand schieben. Wenden.

12 So muss der Turban fertig aussehen.

Er kann auch als Handtasche verwendet werden.

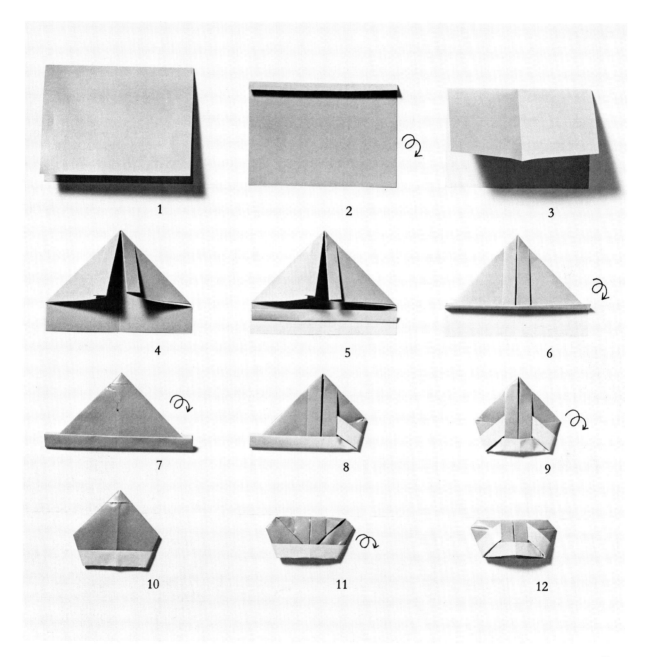

Doppelter Dreispitz

Hopp, hopp, hopp!

Hopp, hopp, hopp! Hopp, hopp, hopp! Röss-li, lauf Ga-lopp!

S Röss-li will nüd lau-fe; de Ry-ter wetts ver- chau-fe. Do

lauft das Röss-li trab, trab, trab und rüert de Ry-ter ab.

Gigampfe,
Wasser stampfe,
guldige Ring,
Rössli spring.

44

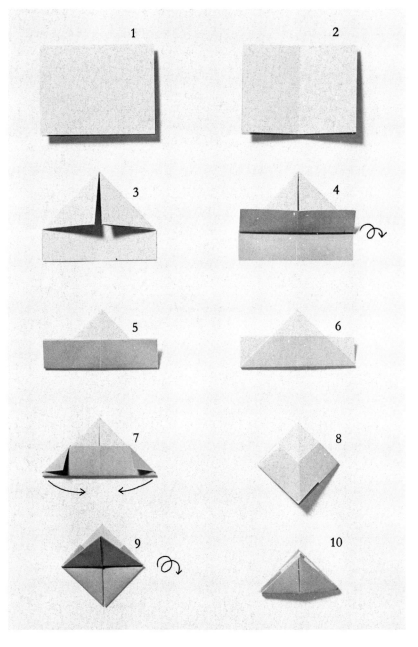

Faltpapier: Doppelter Zeitungsbogen.

1 In die Hälfte legen.
2 Senkrechte Mittellinie falten.
3 Ecken zur Mitte falten.
4 Rand hochschlagen, wenden.
5 Rand hochschlagen.
6 Die vorstehenden vordern Ecken nach hinten falten, die hintern nach vorn.
7 + 8 Unten öffnen, Ecken aufeinanderlegen.
9 Vordere Ecke zur Spitze falten, wenden.
10 Hintere Ecke zur Spitze falten. Dreispitz mit «Papierfederbusch» verzieren. Wenn nötig Gummiband anbringen.

45

Zwergenmütze

Sächs glaini Zwärgli

Sächs glai-ni Zwärg-li gehn durs nas-si Gras, und uf em Haim-weg ma-che si was?

Hätschu, hätschu, hätschu! Hätschu, hätschu, hätschu!

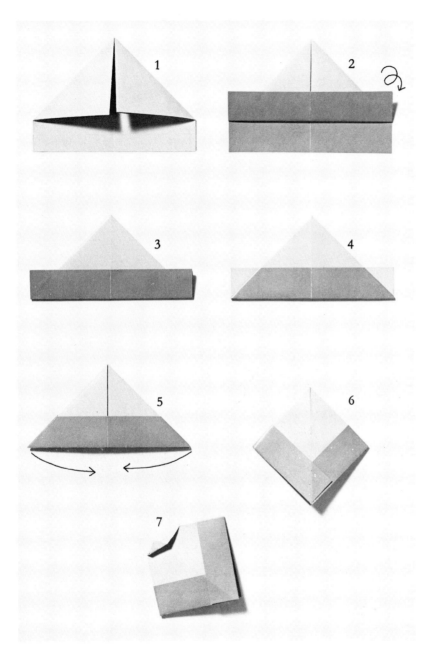

Faltpapier: Doppelter Zeitungsbogen oder festes Papier.

1 Papier in die Hälfte legen und Ecken an die Mittellinie falten.

2 Rand hochschlagen, wenden.

3 Rand hochschlagen.

4 Die vorderen Enden nach hinten falten, die hintern nach vorn. Festklammern.

5 + 6 Hut unten öffnen, Ecken aufeinanderlegen.

7 Spitze nach unten biegen und Wollfaden mit Papierquaste anheften. Zum Binden Stoffbändel anbringen.

Deet uf säbem Bergli

Deet uf sä-bem Berg-li, hm, hm, hm, wo-ned si-be Zwerg-li, hm, hm, hm.

Deet uf säbem Bergli, pum, pum, pum,
hacked sibe Zwergli, pum, pum, pum.

Deet uf säbem Bergli, ho, ho, ho,
graabed sibe Zwergli, ho, ho, ho.

Deet uf säbem Bergli, klipp, klipp, klapp,
laufed sibe Zwergli, klipp, klipp, klapp.

Deet uf säbem Bergli, m, m, m,
ässed sibe Zwergli, m, m, m.

Deet uf säbem Bergli, zwick, zwick, zwack,
büezed sibe Zwergli, zwick, zwick, zwack.

Deet uf säbem Bergli, la, la, la,
singed sibe Zwergli, la, la, la.

Deet uf säbem Bergli, so, so, so,
nicked sibe Zwergli, so, so, so.

Deet uf säbem Bergli, bst, bst, bst,
schlaafed sibe Zwergli, bst, bst, bst.

Am See

Segelschiff

I han e chlyses Schiffli

I han e chly-ses Schiff-li, i

gah-ne mit zum See und

gib em dänn es Püff-li, dänn

fahrts de-voo, ju-hee!

I fahre mit uf Züri
und chaufe-n-alerlei
und bringe spaat am Aabig
mys Schiff voll Chrööli hei.

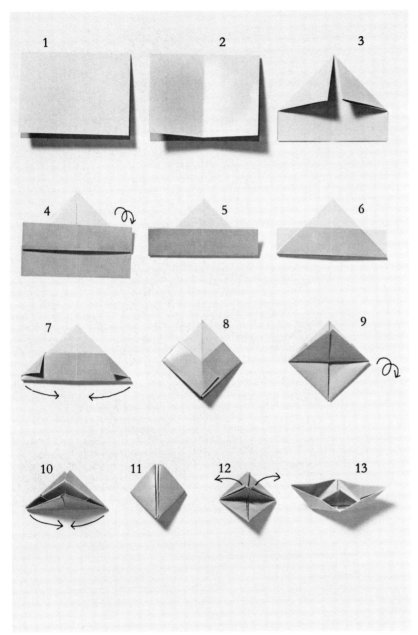

Faltpapier: Einfacher Zeitungsbogen.

1 In die Hälfte legen.

2 Senkrechte Mittellinie falten.

3 Ecken zur Mitte falten.

4 Rand hochschlagen, wenden.

5 Rand hochschlagen.

6 Die vorstehenden vordern Ecken nach hinten falten, die hintern nach vorn.

7 + 8 Unten öffnen, Ecken aufeinanderlegen.

9 Vordere Ecke zur Spitze falten, wenden.

10 Hintere Ecke zur Spitze falten. Wir öffnen den doppelten Dreispitz unten und legen die Ecken aufeinander.

11 Das sieht so aus. Hier nochmals wie bei 9+10 die Ecken zur Spitze falten.

12 Mittlere Ecken sorgfältig nach aussen ziehen.

13 Unser Segelschiff ist fertig.

Segelschiff schmücken

Wir setzen dem Segelschiff ein Papierfähnchen auf die «Mastspitze» und lustige Matrosen an Bord. Die Matrosen zeichnen wir auf Zeichnungspapier, malen sie an und schneiden sie aus. Rückseite nicht vergessen! Nun heisst es: «Schiff ahoi!»
Am schönsten lässt sich mit Papierschiffchen im Freien spielen, an einem Sandstrand oder an einem Bächlein. Die Kinder bauen mit Steinen Hafenanlagen und Seen.

Schiff mit Schnur

Knüpfen wir eine Schnur am Schiffchen fest, lässt es sich im Hafen anbinden.
Befestigen wir die Schnur an einem Stecken, können wir das Schiffchen schwimmen lassen, führen und mühelos wieder zurückholen.

Belastungsproben

Kinder experimentieren gerne. Papierschiffchen eignen sich gut für Belastungsproben. Am besten wird draussen in einem Becken oder drinnen in der Badewanne gespielt. Wie viele Steinchen, Korkzapfen, Nüsse, Grashalme usw. kann man laden, bis das Schiff mit seiner Fracht sinkt? Was passiert bei einseitiger Ladung? Wann bekommt es Schlagseite? Wie lange dauert es, bis in ein unbeladenes Papierschiff Wasser eindringt? Dies und vieles mehr können Kinder beim Schiffchenspiel erproben.

Regatta

Die Regattateilnehmer stehen bis zum Bauch im Wasser und haben ihre Schiffe nebeneinander aufgestellt. Auf das Startzeichen des Schiedsrichters versucht jeder sein Boot mit Blasen oder Wellenmachen mit der Hand ins vorher bestimmte Ziel zu treiben. Das Berühren des Schiffchens ist verboten! Der Sieger darf in der nächsten Runde Schiedsrichter sein.

Schiffeblasen

Dieses alte Spiel soll eine Lieblingsbeschäftigung der Indianerkinder Kolumbiens sein. Sie falten aus Papier einfache Schiffchen und lassen sie nach starken Regengüssen unter den Pfahlbauten schwimmen. Gewöhnlich spielen zwei Partner gegeneinander. Jeder hat ein Schiffchen, das von einem Ufer der Pfütze zum andern schwimmen soll. Der Spieler kauert sich nieder und bläst das kleine Schiff fort, bis es am andern Ufer landet. Der Spieler kann aber auch Steinchen hinter das Schiff werfen, damit die Wellen es nach vorn treiben. Dabei ist erlaubt, das Schiff des Gegenspielers in seinem Vorwärtskommen zu hemmen: man wirft Steinchen vor das gegnerische Schiff und treibt es dadurch zurück. Es ist jedoch nicht erlaubt, das Schiff des Gegners mit Steinchen zum Sinken zu bringen. Wer sein Schiff als erster am jenseitigen Ufer landen kann, ist Sieger. Wer versucht dieses Indianer-Schiffeblasen nach dem nächsten Regenguss in einer Pfütze?

Nina, Nina,
der Fritzli fahrt der Rhy ab
u het i sym Schiffeli
grossi u chlyni Fischeli!
Nina, nina,
der Fritzli fahrt der Rhy ab.

Es fahrt es Schiffli über e See,
ganz still und rueig,
es chöme Wälle meh u meh,
es chunt e starche Sturm
und wirft das Schiffli um.

Fraueli, wotsch go Schiffli fahre?

Hände falten, Zeigfinger herausstrecken,
Handrücken nach unten drehen. Evtl. Gesicht
aufmalen und Papierhut aufstecken.

«Ja, ja, ja!»

«Hesch nid Angscht vor Wind und
Sturm?»

«Nei, nei, nei»

Do wiggelets und waggelets,
und s Schiffli, das lärt us,
und s Fraueli fallt drus.

Schiffchen schaukelt immer stärker und kippt
um.

Einfache Faltgeschichte

Der Erzähler stülpt sich ein gefaltetes Papierschiffchen über die Hand. Während des Sprechens führt er gleichzeitig alle erwähnten Bewegungen aus. Die Geschichte endet mit einem witzigen Überraschungseffekt. Kinder geniessen diesen Schiffchen-Witz. Sie freuen sich diebisch an jedem neuen Opfer, das in die Falle geht!

Sie beginnen vorsichtshalber mit der Frage:

Kennsch Gschicht vom Schiff, wo undergeit?

Verneint der Angesprochene, erzählen sie:

Es fahrt es Schiff uf em Meer. Do chunnt e grosse Sturm.

1

Mit Papierschiff Wellenbewegungen machen.

54

Der Sturm wird starch und stärcher und bricht em Schiff der Spitz ab.

2

Spitze abreissen.

S Schiff fahrt witer uf und ab und kämpft gäge Wind und Wälle.

3

Wellenbewegungen machen.

Do bricht em Schiff der Schwanz ab.

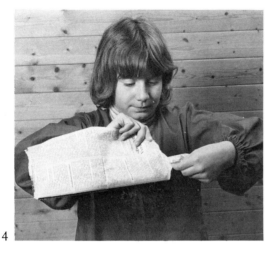

4

Schwanz abreissen.

D Wälle lüpfe s Schiffli uf und ab.

5

Wellenbewegungen machen.

Do krachts und s Sägel risst ab.

6

Segel abreissen.

S Schiff versinkt im Meer.

7

Schiff versinken lassen.

Was gsesch do? Es schwümmt
öppis a dr Wasseroberflächi?

Papier einmal auseinanderfalten.

8

Das isch s Hemmli vom Kapitän!
Stimmt genau!

Wenn das Hemmli guet aluegsch,
chasch mer säge, i weller Johreszit
dä Sturm gsi isch?

Im Summer? D Ärmeli vom
Hemmli si churz.

Schön verwütscht!

Faltet das Papier ganz auseinander und legt es
in der andern Richtung übereinander.

9

Im Winter natürlich.
Wemme das Hemmli rächt aluegt,
hets doch jetz längi Ärmel, oder?

10

Seerose

Faltpapier: Papiertaschentuch, grünes Zeichnungspapier.

1 Papiertaschentuch in die Hälfte legen.

2 Beidseitig schmale Ränder abreissen.

3 Taschentuch zusammenraffen.

4 Mit einem der beiden Ränder in der Mitte umwickeln, verknüpfen.

5 Jetzt folgt der heikelste Teil der Seerose. Wir zupfen sorgfältig Lage für Lage des Papiertaschentuchs auseinander. Zuerst auf der einen, dann auf der andern Seite. Zuletzt betupfen wir die Ränder der Blume *leicht* mit zyklamenroter Wasserfarbe. Achtung: das Papier darf nicht tropfnass werden! Unsere buschige Seerose fällt sonst in sich zusammen.

Aus grünem Zeichnungspapier schneiden wir Seerosenblätter. Hübsch arrangiert sehen die Seerosen sehr «echt» aus.

Tessinerschiff

Mäh, Lämmeli, mäh,
es Lämmeli springt zum See,
do stosst sichs amen e Stöckli,
do tuet im weh sis Chöpfli,
do rüeft das Lämmeli mäh.

Mäh, Lämmeli, mäh,
es Lämmeli springt zum See,
do stosst sichs amen e Steinli,
do tuet im weh sis Beinli,
do rüeft das Lämmeli mäh.

Mäh, Lämmeli, mäh,
es Lämmeli springt zum See,
do stosst sichs amen e Strüchli,
do tuet im weh sis Büchli,
du rüeft das Lämmeli mäh.

Mäh, Lämmeli mäh,
es Lämmeli springt zum See,
do stosst sichs amen e Brüggli,
do tuet im weh sis Rüggli,
do rüeft das Lämmeli mäh.

Mäh, Lämmeli, mäh,
es Lämmeli chunnt zum See.
Do rüeft der Hirt im Schiffli:
«I fahr di übere See,
de tuet der nüt me weh!»

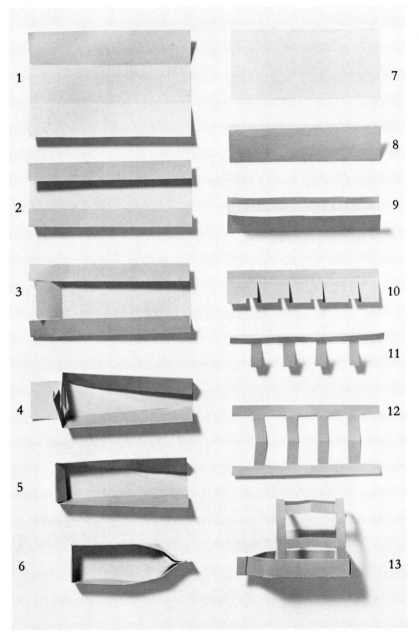

Faltpapier: Rechteckiges Zeichnungspapier.

Rumpf

1 Wir falten das Papier längsseits in Drittel

2 und biegen die Ränder oben und unten bis an die Faltlinie um. Gut glattstreichen.

3 An einem Ende den Faltlinien entlang etwas einschneiden.

4 Seitenwände übereinanderfalten.

5 Das angeschnittene Stück darüberstülpen, anklammern oder festkleben.

6 Nun falten wir den Bug des Tessinerschiffs zusammen und klammern ihn fest.

Bogen

7 Aus einem weiteren Rechteck entsteht der Bogen des Schiffs.

8 In die Hälfte falten.

9 Rand etwa einen Zentimeter zurückbiegen.

10 Von der Bruchkante her Leitersprossen einschneiden bis an die eben gemachte Faltlinie.

11 Zwischenräume ausschneiden.

12 «Leiter» öffnen.

13 Bogen innen an die Seitenwände des Tessinerschiffs kleben. Das Tessinerschiff eignet sich besser für den «Trockengebrauch». Aus festem Papier gefaltet, ist es solide genug, um auf dem Fussboden Bauklötze, Holztiere und Püppchen zu transportieren.

Frosch

Heut ist ein Fest bei den
Frö-schen am See, Tanz und Kon-
zert und ein gros-ses Di-
ner. Quak, quak, quak, quak.

Der Eduard hett Frösch im Sack,
und alli mache quack, quack, quack.

D Gloggefröschli mache:
gug, gug, gug.
D Loubfröschli mache:
qua, qua, qua.
D Chrotte mache:
quaak, quaak, quaak.

Holle, holle, hösch,
im Wasser hockt e Frösch,
är zablet mit de Bei
und leit es Fröschenei.

Eis, zwei, drei,
es gid e Lumpenei,
d Bure gönd go trösche
mit hunderttusig Frösche.

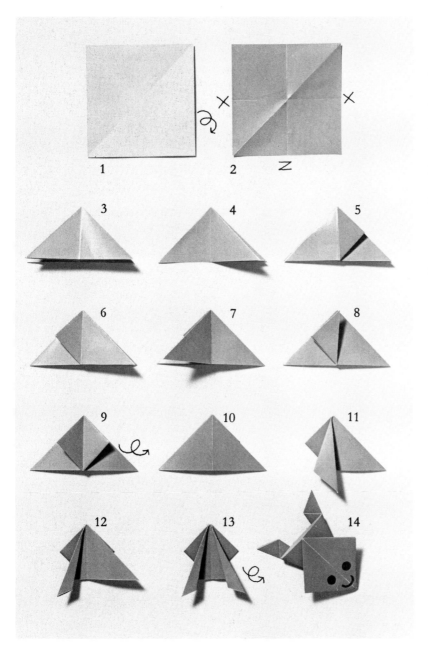

1 Diagonale falten, wenden.

2 Ein Kreuz falten. Die Punkte ×
nach innen auf Z legen.

3 Die so entstandenen Dreiecke
glattstreichen.

4 Linke Ecke nach rechts um-
schlagen.

5 Zur Spitze falten.

6 Auf die linke Seite zurück-
legen.

7 Rechte Ecke nach links um-
schlagen.

8 Zur Spitze falten.

9 Zurücklegen, wenden.

10 So sieht die Faltform jetzt aus.

11 Linke Ecke zur Mittellinie
falten.

12 Das Froschbein nochmals
nach aussen falten.

13 Das rechte Bein wird gleich
gefaltet. Wenden.

14 Nun malen wir dem Frosch
noch Augen und Mund auf.

O jemine,
wie bin i verschrocke,
so en blättligrüene Mocke,
so en Chugelauge-Frosch
isch a mini Nase ggumpet,
isch uf mini Zeche gsässe,
hät e ticki Flüüge gfrässe,
hät en Gump is Wasser gnoh,
und isch nüme füre cho.

Susi Bodenmann

Fürio, der Bach brönnt,
d Suhrer händ ne azünt,
d Aarauer händ ne glösche,
d Chüttiger rite uf de Frösche.

Es ging ein Frosch spazieren
an einem schönen Sommertag.
Er wollte sich frisieren
an einem Gartenhag.
Da sprach der Herr Frisierer:
ihr Frösche seid ein dummes Corps,
was wollt ihr euch frisieren,
ihr habt ja gar kein Hoor!

Was isch das?
Es isch grüen,
het vier Bei
und macht muh?

(E Frösch mit eme Sprochfähler!)

62

Frösche fangen

Im Kreis kauern drei bis sieben Kinder als Frösche und «schlafen». Der Storch stolziert mit langen Schritten durch den Tümpel. Er klappert mit dem Schnabel (mit gestreckten Armen in die Hände klatschen). Der Storch sagt vor sich hin: «Wo hets do Frösch? Klibediklapp. I ha große Hunger. Klibediklapp!» Dazu sucht er mit dem Schnabel um die schlafenden Frösche herum nach Futter. Er wiederholt den Vers ein paarmal. Weil er nichts finden kann, stellt er sich in die Kreismitte und «schläft» nach Storchenart auf einem Bein. Die Frösche «wachen» auf und hüpfen leise um den Storch herum. Er ruft plötzlich: «Klibediklapp, was ghör i do? Klibediklapp, was ghör i do?» und schnappt mit dem Schnabel nach den fliehenden Fröschen. Der Storch greift manchmal absichtlich daneben. Die gefangenen Frösche scheiden aus. Der zuletzt erwischte Frosch darf im nächsten Spiel Storch sein.

Beim Einkaufen

Jedes Kind hat irgendwo ein Krämerherz. Einpacken, auspacken, abwägen, auszählen, einfüllen, aufschreiben, sortieren, Geld einkassieren, Eingekauftes in der Tasche herumtragen, das alles finden Kinder grossartig. «Verkäuferlis» ist ein herrliches Rollenspiel, das Kinder über Jahre pflegen. Käufer und Verkäufer führen spontane Dialoge.
Zum Verkaufen eignet sich fast alles aus dem Spielzeugfundus des Kinderzimmers und dem Küchenschrank der Mutter. Besonders geeignet sind etwa: Hörnli, Nüsse, Weinbeeren, Dörrobst, Linsen oder Erbsen. Auch Stoff-

und Wollresten werden gerne gehandelt. Leere Schneckenhäuser, Muscheln, Korkzapfen und Steinchen regen die Einkaufslust der kleinen Käufer an. Viele einfache Faltformen bereichern dieses Spiel. Wer kann Portemonnaies falten? Wer macht Papiergeld? Wer schneidet ein Netzli? Wer klebt Papiertüten? Das Falten der Postkartenschachtel lehrte mich meine Grossmutter. Ich spüre noch heute die freudige Erwartung: welcher Bildausschnitt ist wohl auf dem fertigen Deckel zu sehen? Viel Spass beim Falten und Verkäuferlen!

Hinderem Münschter

Hin-de-rem Münsch-ter het es An - ke-weg - ge-meit - li

But - ter-wegg - li feil, hin - de - rem Münschter het es

An - ke - weg - ge - meit - li feil; An-ke - weg-ge - meit - li

But-ter-wegg-li feil, But-ter-weg-ge - meit-li An-ke- wegg-li feil;

hin-de-rem Münsch-ter het es An - ke - weg-ge - meit - li feil.

Portemonnaie

S isch es Chrüüz
uf däre Welt
der eint hät s Portmonee
der ander s Gäld.

Dä isch dick
und dä isch dünn
dä isch duss
und dä isch dinn.

Bonjour, Jumpfer Dorothee,
i hätti gärn es Portmonee!
Es grosses oder es chlys?
Nenei, numme es rychs!

Grüessech, Frau Portmonee,
heit dir mys Hündli gseh?
Jo, es sitzt uf em Bahnhofplatz,
het s Schwänzli verlore
und gar grüseli as Füdeli gfrore.

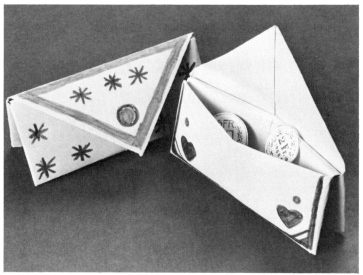

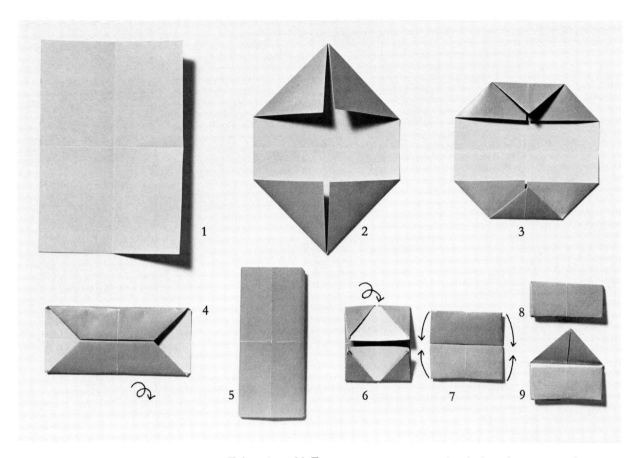

Faltpapier: A4-Format.

1 Wir falten ein Kreuz.

2 Oben und unten ein «Hausdach» falten.

3 Beide Spitzen an den untern Rand der «Hausdächer» umbiegen.

4 Beide Teile zur Mitte falten. Papier wenden.

5 + 6 Die Schmalseiten an den Mittelfalt legen, glattstreichen. Wenden.

7 Nach hinten zusammenklappen.

8 + 9 Aus dem Innern der so entstandenen zwei Fächer ein dreieckiges Deckblatt herausziehen, und fertig ist unser Geldbeutel. Wir bemalen ihn noch mit lustigen Mustern und füllen ihn mit Geld.

67

Papiergeld

Selber Geld herzustellen ist ein alter Traum
der Menschen. Mit Papiergeld lässt er sich ver-
wirklichen. Kinder können sich jederzeit
ihre Geldbeutel mit Münzen verschiedener
Grössen füllen. Wer möchte nicht reich sein?
Wer möchte nicht nach Herzenslust kaufen
und verkaufen?

I wett, i hätt e Sack voll Gäld
und wär e ryche Ma.
De reisti um die ganzi Wält
und chönnt die schönschti Läbtig ha.

Wen i kei Gäld meh ha,
so weiss i, was i tue,
i legg der Chatz es Schälleli a
und verchouf se für ne Chue.

Rigeli, Rägeli, Rüeblisaame,
gib mer Gäld, so chan i chraame!

Danke für e Franke!

En guldige Halbbatze
und e hölzigi Chue,
das git mer myn Vater,
wenn i hürate tue.

Hüt isch Silveschter
und morn isch Neujohr.
Vater, gib mer e Batze,
süsch zieh di am Ohr!

Potz Millione,
Späck und Bohne,
Chäs und Anke,
macht grad e Franke.

D Lore
het s Gäld verlore,
d Kunigunde
het s wider gfunde

Ri ra Rappe
Zipfelchappe.
Fri fra Franke
feine Anke.
Ni na Note
Chatzepfote.
Gi ga Gäld
Zirkuszält.

Rippli, Räppli eis,
Rippli, Räppli zwöi,
Rippli, Räppli drü,
i will wette,
du witt wette,
s seigid zwänzg und drü.

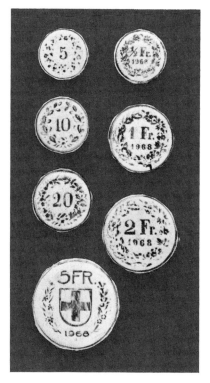

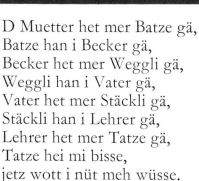

D Muetter het mer Batze gä,
Batze han i Becker gä,
Becker het mer Weggli gä,
Weggli han i Vater gä,
Vater het mer Stäckli gä,
Stäckli han i Lehrer gä,
Lehrer het mer Tatze gä,
Tatze hei mi bisse,
jetz wott i nüt meh wüsse.

So wird Papiergeld gemacht:

Wir legen eine Münze mit der Zahl-
seite nach oben auf den Tisch und
decken sie mit einem Bogen Papier
zu. Damit die Münze nicht weg-
rutscht, pressen wir das Papier
dicht daneben mit Daumen und
Zeigefinger auf den Tisch. Mit der
freien Hand reiben wir das Ende
eines Bleistiftes kräftig darüber, so
lange, bis sich das Geldstück deut-
lich abzeichnet. (Grosse Geld-
stücke lassen sich besser durch-
pausen als kleine.) Jetzt brauchen
wir die Münze nur noch exakt aus-
zuschneiden, und der Handel kann
beginnen!

Einkaufsnetz

Als Kind faszinierte mich der Entstehungs-
prozess dieses Einkaufsnetzes ungemein. Es
erschien mir wie ein kleines Wunder: ein dün-
nes, flaches Blatt Papier verwandelt sich durch
blosses Zusammenfalten und Einschneiden
in ein dreidimensionales Netz. Ich schnitt
nachmittagelang solche Netze im Garten oder
in der Wohnung, je nach Witterung, und ex-
perimentierte mit ihrer Tragfähigkeit. Blumen,
Früchte, Schneckenhäuser, Steinchen, Zünd-
holzschachteln, Radiergummis, Zuckerwürfel
und vieles mehr wurde getestet. Die grosse
Frage war immer, ob sich die Gegenstände
tragen liessen oder ob das Netz zerriss.

Gogrüessech! Gogrüessech!
Was weit er? Was weit er?
Zucker und Kaffee,
Zucker und Kaffee!
Da heit er! Da heit er!

I bi i d Stadt gange.
Ig ou.
I bi ine Lade gange.
Ig ou.
Do hani schöni Sache gseh!
Ig ou.
Do hani e Chäs kauft.
Ig ou.
Dä het chäselet!
Ig ou.

I schnide mer es Netz,
schnitz, schnatz, schnetz.
Die grossi Frog isch, hets?
Schnitz, schnatz, schnetz,
i schnide mer es Netz.

70

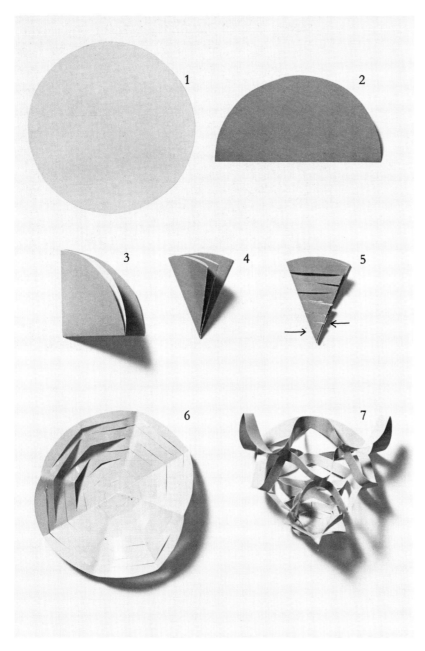

Faltpapier: Kreis.

1 Wir legen einen Suppenteller umgestülpt auf ein Zeitungspapier und umfahren ihn mit Bleistift. Der Kreis wird anschliessend ausgeschnitten.

2 Kreis in die Hälfte falten.

3 Hälfte zu Vierteln falten.

4 Viertel zu Achteln falten.

5 Nun sorgfältig mit der Schere einschneiden, einmal rechts, einmal links. Nie bis ganz zum Rand durchschneiden!

6 Wir öffnen den gefalteten, eingeschnittenen Kreis, legen einen leichten Gegenstand in die Mitte, fassen zwei gegenüberliegende «Henkel», und fertig ist unser Einkaufsnetz.

71

Tüten und Säcke

Ghändelet u ghändelet
und wider gno isch gstole!

Schoggimünzli,
Pfäfferladc,
illustrierti Würschtli
und heissi Zytige!

Wolle Sie Maroni kaufe?
Zwanzig Rappe der Haufe.
S isch sicher kein einzige Fuli derbi,
lieber gib i no zwei drüberi.
Zwanzig Rappe de Fige,
wer sie net will, lass blibe.
Orange koste zehn Rappe de Stuck,
und wer si nid will, der isch verruckt.

So, du häsch gstole!
En Sack voll Chole,
en Sack voll Blei,
jetzt holend mer d Polizei!

Vroni, Vroni,
het gärn Maccaroni!

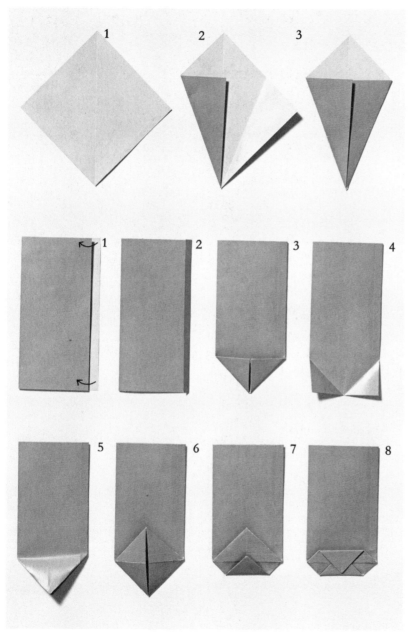

Papiertüten

Faltform: Quadrat.

1 Diagonale falten.

2 + 3 Linke und rechte Ecke über die Mitte falten und mit Klebstreifen oder Leim zukleben.

Papiersäcke

Faltform: Quadrat.

1 Das Quadrat so zusammenfalten, dass auf der hinteren Seite ein Streifchen vorsteht.

2 Dieses nach vorne falten und ankleben.

3 Unten beide Ecken zur Mitte falten.

4 + 5 Wieder aufklappen, dann beide Ecken so nach innen schieben, dass zwei lose Zipfel entstehen.

6 Einen Zipfel nach oben klappen.

7 Unteren Zipfel etwas über die Mitte legen.

8 Oberen Zipfel etwas über die Mitte legen und festkleben. Die Tüten können mit farbigen Scherenschnitten verziert werden.

I gang uf e Märt.
Ig ou.
I kaufe Eier.
Ig ou.
Si sind ful.
Ig ou.

Arme Lut, pauvres gens,
keine Gelde, point d'argent.

Annemareili,
Zuckerfräuli,
gang i Lade,
hol mer Fade,
chumm gli wider,
fall nid nider,
bring mer au der Batze wider.

Hinderem Hus, Nummere drei,
steit e grossi Beckerei.
Dört gits Torte, alli Sorte,
Zuckerbrätzeli, süessi Chueche.
Wei Si grad versueche?
Danke schön! I hätti gärn:
e Gugelhopf und e Zimmetstärn!

Meine Mu, meine Mu,
meine Mutter schickt mich her,
ob der Ku, ob der Ku,
ob der Kuchen fertig wär.
Wenn er no, wenn er no,
wenn er noch nicht fertig wär,
käm ich mo, käm ich mo,
käm ich morgen wieder her.

Du alti Runggunggle
bisch hundert Johr alt,
hesch gässe und trunke
und niene nüt zahlt.

Do hesch e Taler,
gang uf e Märt,
chouf der e Chue
und es Chälbli derzue,
didel didel Tänzli,
s Chälbli hät es Schwänzli.

Ich und du sind Brüederli,
schaffe tüe mer liederli,
ich und du händ Gäld im Sack,
die andere nume Schnupftabak.

74

«Frau Meier, i hätt gärn zwei Eier,
und e Zigerstöckli
und e Wurscht,
diens mer alles zämme e wenig ymache.
Zwei Kabisbletter,
e Kochangge
und drei Hosegnöpf
und au das wider e wenig ywiggle.
Zwei Bäseli,
so, das wärs!»
«Danggeschön, Frau Müller,
alles zämme koschtet 66 Frangge!»

«Grüezi Frau Meier,
ich hett gärn zwei Eier,
es Läbchuechehärz
und e Banane.
Packe Si alles grad i,
obe bitte zuebinde.
Jetz han i no zwöi Weggli vergässe,
e Sack Härdöpfel,
drei Hosechnöpf,
zwei Bäseli, so das wärs!»
«Danke, das choscht alles zäme
66 Franke!»

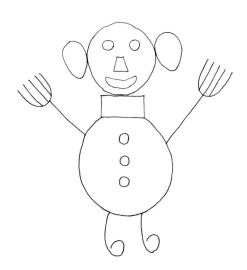

Postkartenschachtel

S Schächteli
im Trückli,
ir Trucke,
ir Schachtle
isch chlyn!

Frau Bürkli,
sind er würkli
glückli
mit em Trückli
volle Stückli
übers Brückli
ine cho?

Es het e Ma es Trückli gfunde,
erratet was isch drinne gsi:
Side, Fade, Messer, Gable,
schöni Meitschi, wüeschti Chnabe
und es Gleseli rote Wy,
alles das isch drinne gsi.

Chrischte, d Meersauchischte
sött me wider mischte.
Muetter, wo hesch s Fuetter?
Underem Tisch ir Trucke,
muesch di numme bucke.

Es isch emal en Ma gsi,
dä hät en hohle Zah gha.
I däm Zah isch es Trückli gsi,
i däm Trückli isch es Briefli gsi,
i däm Briefli häts gheisse:
Es isch emal en Ma gsi,
dä hät en hohle Zah gha... usw.

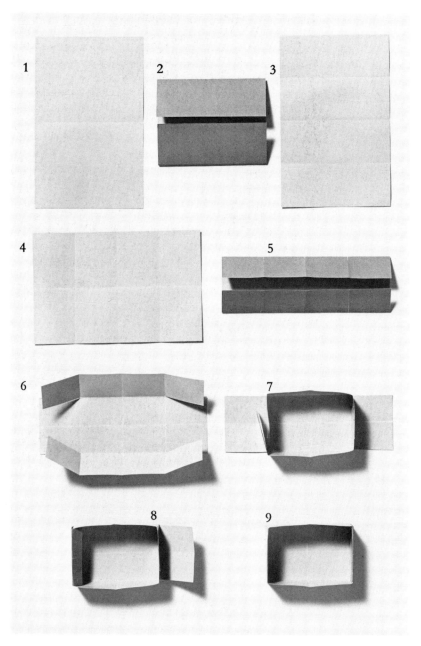

Faltpapier: 2 Postkarten.

1 Postkarte in die Hälfte falten.

2 + 3 Den obern und untern Rand zur Mitte umfalten und zurück.

4 Postkarte der Länge nach in die Hälfte falten.

5 Den obern und untern Rand zur Mitte umfalten und zurück.

6 Von aussen viermal einschneiden, wie die Abbildung zeigt.

7 Rand aufstellen und Seitenwände übereinanderlegen.

8 Die losen, flachen Stücke links und rechts über die Seitenwände nach innen falten. Gut andrücken. Dieser Schachtelteil dient als Deckel. Längsseits schneiden wir in der Mitte an beiden Rändern ein Dreieck aus. Die Schachtel lässt sich dadurch später besser öffnen. Der Schachtelboden muss kleiner sein als der Deckel. Wir schneiden von der zweiten Postkarte längs und quer je ein Streifchen Papier von 3–4 mm Breite ab. Wenn wir exakt arbeiten, passen Deckel und Boden gut ineinander. Selbstverständlich achten wir darauf, dass die Bildseite der Karte aussen auf der Schachtel schön sichtbar ist.

77

Trückli und Körbli

Faltform: Quadrat.

1 Eine Diagonale falten, wieder öffnen.

2 Die zwei gegenüberliegenden Ecken zur Mitte umfalten.

3 Die neuen Aussenkanten zur Mitte umbiegen.

4 Faltpapier öffnen, dann zweite Diagonale falten und wieder öffnen.

5 Jetzt die gegenüberliegenden Ecken zur Mitte falten. (Wir haben nun senkrechte und waagrechte Faltstreifen.)

6 Die neuen Aussenkanten zur Mitte umbiegen.

7 + 8 Faltpapier öffnen und wie angezeichnet bis zum zweiten Falt einschneiden.

9 Rechte und linke Spitze auf den waagrechten Mittelfalt umschlagen.

10 Nochmals beide Seiten nach innen falten.

11 Beide Ränder hochklappen und Seitenwände übereinanderkleben.

12 + 13 Die Spitzen der flach auf dem Tisch liegenden Streifen nach innen falten, den Rest über den Schachtelrand stülpen. Innen leicht ankleben.

Den Deckel zu unserer Schachtel falten wir aus einem etwas grösseren Faltblatt auf dieselbe Weise. Wir können den Deckel mit Scherenschnitten schmücken. Aus einer offenen Schachtel entsteht ein Körbchen, wenn wir einen Papierstreifen als Henkel anbringen.

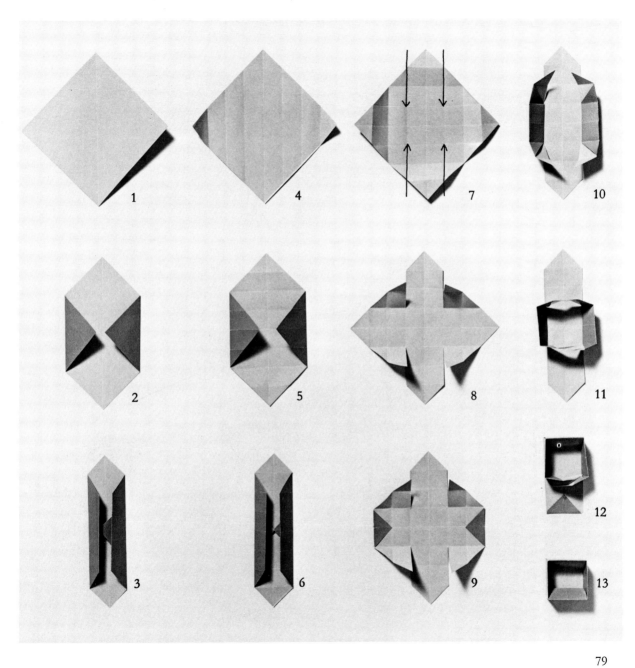

Verkäuferspiele

Die Kinder sitzen in der Reihe und sind Uhren. Der Verkäufer bestimmt ihre Art: Taschenuhr, Sonnenuhr, Bahnhofuhr, Armbanduhr, Wecker, Reisewecker, Penduluhr, Kirchenuhr, Kuckucksuhr, Autouhr usw.

Der Käufer kommt und sagt:

«I hät gärn e Uhr. »

Verkäufer:

«Was für eini? »

Käufer:

«E Wecker. »

Der Verkäufer geht nun zum Wecker und zeigt dem Kunden, wie man ihn aufzieht, indem er mit dem Arm des betreffenden Kindes kreisförmige Bewegungen macht. Der Wecker geht tadellos. Das Kind macht: «Tick, tack, tick, tack. » Beim Aufziehen flüstert der Händler dem Wecker ein komisches Wort ins Ohr, etwa: «Schlangengift, Apfelmus, Kaffeesatz, Furz usw. » Der Käufer zahlt und geht mit dem Wecker heim. Zu Hause zieht er den Wecker auf. Der macht: «Tick, tack, Schlangegift, Schlangegift...» Entrüstet bringt der Käufer den Wecker wieder ins Geschäft zurück. Hier läuft dieser wieder «normal».

Der Käufer klagt:

«Das isch e Affeschang, e settige Wecker! Dä wott i umtusche gäge ne anderi Uhr. »

Der Handel beginnt von vorn. Doch auch die neue Uhr trägt eine Ungereimtheit in sich! Auch sie wird das dumme Wort erst zu Hause ticken...

Die Spieler stehen im Doppelkreis. Aussen stehen die «Mütter», innen die «Kinder». Die Mütter legen die Arme schützend um ihre Kinder. Ausserhalb des Kreises geht der Kinderkäufer spazieren. Wenn ihm ein Kind besonders gut gefällt, hält er an und fragt die Mutter:

«Frau, wänd er euer Kind verkaufe? »

Mutter:

«Nai, lieber will i Bättel laufe, as my aige Kind verkaufe! »

Nun laufen Käufer und Mutter in entgegengesetzter Richtung um den Kreis. Wer zuerst beim verlassenen Kind angelangt ist, stellt sich vor dasselbe. Er ist nun das Kind, und das Kind spielt die Mutter. Der zu spät gekommene Spieler beginnt als Kinderkäufer eine neue Runde.

Vier bis sechs Kinder sitzen in der Reihe. Sie alle sind Stoffe. Der Verkäufer sagt jedem Kind heimlich eine Stoffarbe ins Ohr, die es sich merken muss und die der Käufer nicht hören darf. Der Käufer erscheint und verlangt eine bestimmte Stoffarbe. Ist sie vorhanden, entwickelt sich ein umständliches Verkaufsgespräch. Wenn der Verkäufer sagt: «So, jetz muesch zahle! », läuft die gewünschte Stoffarbe zum vorbestimmten Ziel. Der Käufer eilt ihr nach. Erwischt er den Stoff auf dieser Strecke, gehört er ihm. Kommt der Stoff aber unberührt wieder in die Reihe zurück, wird ihm eine neue Stoffarbe zugeflüstert.

Der Vogelhändler

Acht und mehr Kinder spielen Vogelhändler.
Der Vogelhändler hat seine Vögel hübsch
der Reihe nach aufgestellt und jedem einen
eigenen Vogelnamen ins Ohr geflüstert:
Amsel, Lerche, Nachtigall, Spatz, Adler, Eule,
Taube, Rabe, Kuckuck usw.

Der Käufer kommt:

«Hohoh, isch öpper do?»

Vogelhändler:

«Jo, jo. Wär isch cho?»

Käufer:

«E Vogelchöifer.»

Vogelhändler:

«Was hätte Si gärn?»

Käufer:

«E schöne Vogel.»

Vogelhändler:

«Was für eine?»

Käufer:

«E Spatz»
(oder anderes)

Vogelhändler, wenn der gewünschte Vogel
vorhanden ist:

«Dä chöit der ha. Do heit er ne!»

Während nun Händler und Kunde über den Preis
verhandeln, sagt der Vogelhändler plötzlich:

«Vögeli, flüg us, chumm wider
zrügg is Hus!»

Da fliegt der Vogel fort, zu einem verabrede-
ten Ziel und zurück. Gelingt es ihm, heim-
zukommen, ohne vom Käufer gefangen zu
werden, ist er frei. Fängt ihn aber der Kunde,
so sperrt er ihn in sein Vogelhaus. Sind alle
Vögel verkauft, ist das Spiel zu Ende. Der

Käufer hat gewonnen, wenn er mehr als die
Hälfte der Vögel fangen konnte. Variante:
Der gekaufte Vogel versucht, im Lauf die
Vögel im Vogelhaus des Käufers zu berühren;
gelingt ihm das, sind diese wieder frei.

Gansspiel

Erste Runde:

«I han e Gans kauft.»
«Wie teuer?»
«Um zwei Zweier.»
«Het si Flügel?»
«Flügel het si.»
«Het si Füess?»
«Füess het si, mit eim macht si
tipp und mit em andere tapp.»

Mit den Händen auf den Tisch platschen.

Zweite Runde:

«... Füess het si,
mit eim macht si tipp
und mit em andere tapp
und mit em Köpfli ab.»

Mit den Händen auf den Tisch platschen,
mit dem Kopf nicken.

Dritte Runde:

«... Füess het si,
mit eim macht si tipp
und mit em andere tapp
und mit em Köpfli ab
und mit em Schwänzli hopp.»

Mit den Händen auf den Tisch platschen,
mit dem Kopf nicken
und auf «hopp» vom Stuhl aufspringen!

Ein Kind ist die Marktfrau, eines der Käufer.
Vier bis sechs Kinder stellen die Hühner dar.
Sie kauern in einer Reihe nieder und umfassen
mit den Armen die Knie. Dabei müssen die
Hände gefaltet bleiben. Das Spiel beginnt mit
einem Gespräch zwischen dem Käufer und
der Marktfrau:

«Heit der Hüener z verchaufe?»
«Natürlech! I ha die schönschte
Hüener wit und breit!»
«Chan i se aluege?»
«Do si si. Bitte, lueget numme!»

Der Käufer geht um die Hühner herum und
betastet sie:

«Das gfallt mer nid, das isch z alt!
Das het jo numme Hut und
Chnoche! Das do isch es zäis Suppe-
huen! Das isch mer z feiss!»

Bei einem hält er an und sagt:

«Das do gfallt mer, dasch grad
rächt, nid z dünn und nid z dick!
Das nimm i! Was choschtets?»

Die Marktfrau sagt einen Preis:

«Zäh Franke.»

Der Handel wird abgeschlossen. Hierauf heben
die Marktfrau und der Käufer das ausgewählte
«Huhn» an den Armen hoch und schwingen
es zwischen sich hin und her mit den Worten:

«Du bisch es guets Huen. Hesch
d Händ gfaltet und lachsch nid!»

Wenn das Huhn lachen muss oder die um die
Knie gefalteten Hände öffnet, scheidet es aus
dem Spiel aus. Das letzte «Huhn» wird Käufer
im nächsten Spiel.

Aus dem Quadrat

Zelt

Aus einem quadratischen Faltpapier lassen sich viele einfache Dinge machen. Manche Faltformen haben anfangs denselben Aufbau. Darum möchte ich hier ausführlich auf die ersten Faltbewegungen und Figuren eingehen. Es ist wichtig, dass die Kinder diese Grundformen tadellos beherrschen. Nur dann können sie Schritt für Schritt kompliziertere Figuren falten. Als Ausgangsform sind Faltpapiere von 10×10 cm ideal. Sie können aber jederzeit grösser oder kleiner verarbeitet werden. Achten Sie darauf, dass das Quadrat auch wirklich ein Quadrat ist!

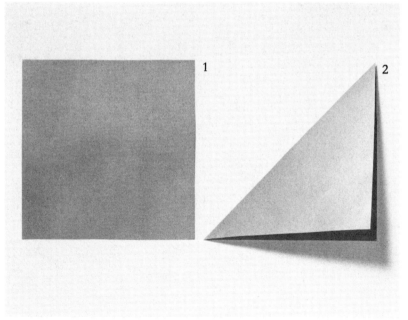

1 Wir nehmen ein Quadrat aus festem Papier.

2 Wir falten eine Diagonale. Wir bemalen die Zelte und falten für jedes ein Männchen. Unser Zeltplatz wird besonders schön, wenn wir dazu noch Tannen schneiden und einen See oder Fluss in der Nähe abgrenzen. Die Zeltbewohner lieben es nämlich, Tessiner- oder Segelschiff zu fahren...

Karussell

Wir falten in ein festes Papier beide Diagonalen, verzieren den Rand, stellen ein Männchen in die Mitte und lassen das Karussell fahren:

Uf em Spielplatz
dräit sich schnell
üses chlyne Karussell.
Rot und grüen
und rum-pum-pum,
lueg, es fahrt ringsum!
Istige, alles istige!
Jetz geits grad los!

Segelschiff

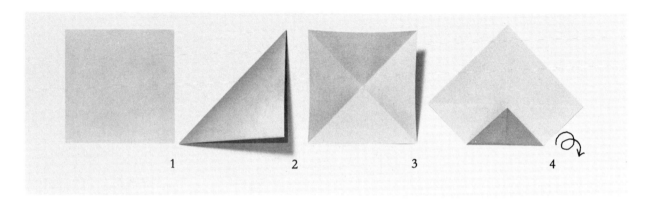

1 Wir nehmen ein Quadrat,
2 falten ein Zelt
3 und ein Karussell.
4 Dann biegen wir eine Ecke zur Mitte und wenden das Blatt. Es hat die Umrisse eines Segelschiffes.

Segelschiffbild

Wir kleben auf ein grosses blaues Papier Segelschiffe, zeichnen überall Mast und Rumpf ein, setzen Fähnchen auf die Spitzen und Leute ins Boot.

Haus

1 Wir falten ein Karussell,
2 ein Segelschiff.
3 Wir falten eine weitere Ecke zur Mitte und bekommen dadurch ein Haus. Wir bemalen das Haus. Auch mit Häusern können wir lustige Bilder kleben: ein Dorf etwa oder die Gasse eines Städtchens.

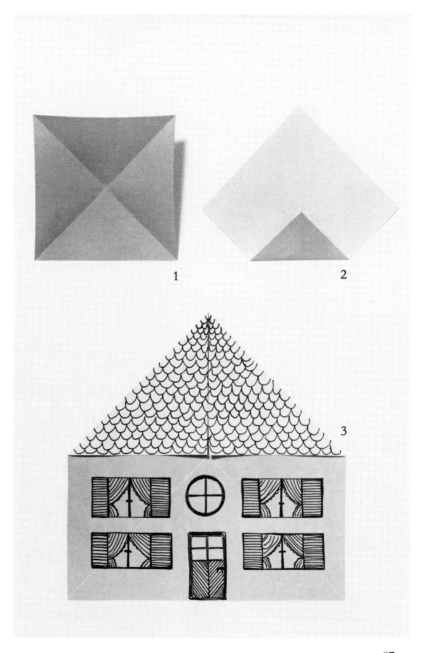

Brief

Briefli schribe tuen i gärn,
hüür no lieber weder färn!
D Briefli si für s Schätzli,
wenns der Lehrer gseht, gits Dätzli!

Ich bin die Poscht vo Hilterfinge,
wer fahre will, cha nache springe.

De Postli chund, de Postli chund,
er chlöpft und jolet scho.
Wo wott echt au de Postli hi?
Vo Züri wird er cho.
Trara, trara, vo Züri wird er cho.

De Postli chund, de Postli chund,
ir Rössli, hü galopp!
Wer mit mir wott,
sitzt hurtig uf.
Ir Rössli, hopp, hopp, hopp.
Trara, trara, ir Rössli, hopp, hopp,
hopp!

Es isch emol es Meiteli gsi,
das isch in Wald gange.
Dört hets es Chörbli gfunde,
in däm Chörbli isch es Briefli gsi,
in däm Briefli isch gstande:
es isch emol es Meiteli gsi... usw.

«Pöschterle»

Zum «Pöschterle» brauchen die Kinder eine grosse Kartonschachtel als Postschalter, eine Schuhschachtel als Briefkasten und viele Papierquadrate für die Briefe. Ein Kind spielt Postbeamtin, eines Briefträger, die andern sind «Kunden». Sie schreiben die Briefe, verpacken Päckli und füllen Einzahlungsscheine aus. Auf der Post sind «Marken» erhältlich. Selbstverständlich darf ein Stempelkissen mit Stempel (evtl. nur Korkzapfen) nicht fehlen! Wer noch nicht schreiben kann, zeichnet auf die Briefe.

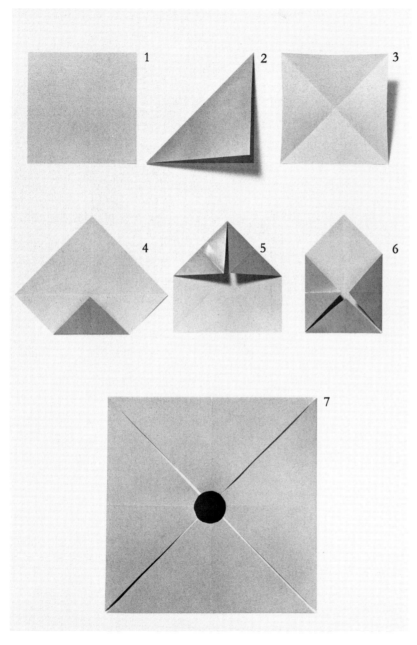

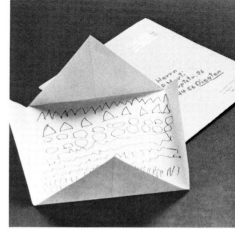

1 Wir nehmen ein Quadrat,
2 falten ein Zelt,
3 falten ein Karussell,
4 falten ein Segelschiff,
5 falten ein Haus,
6 falten die dritte Ecke zur Mitte.
Ein Kuvert entsteht.

7 Falten wir die vierte Ecke zur Mitte, ist das Kuvert geschlossen. Mit einem farbigen Papierpunkt wird der Brief zugeklebt.

D Tante Adele faltet und verzellt

Die folgende Geschichte wird nicht nur erzählt, sondern die grossgedruckten Gegenstände werden zugleich gefaltet. Dabei entwickelt sich nicht eine Faltform aus der andern (wie bei der Geschichte auf Seite 54). Sie besteht aus einzelnen Faltelementen. Aus verschiedenen Quadraten falten wir zwei Zelte, mehrere Fische, einen Brief und ein Karussell.

D Tante Adele isch e bsunderi Tante gsi. Si het immer e Strouhuet treit mit Papierrose druf. Der Andi het se gärn ga. Si het chönne Papier falte wie der Blitz und guet Gschichte verzelle. Hüt si si zämme am Chuchitisch gsässe. D Tante Adele het gfaltet und verzellt, der Andi gluegt und glost. Die chli Wält us Papier isch gwachse und gwachse uf em Chuchitisch.

«Der Seppli und d Stine hei zämme welle go zälte», het d Adele agfange. «Si hei s ZÄLT undere Arm gno, d Fischruete ipackt, e Chessel für d Fisch uf e Päckträger klemmt, es Picknick i Rucksack gsteckt, und denn si si mit em Trotti losgfahre! Dür d Stross us, a der Matte verbi, düre Wald, äne wider use. Bim Bächli hei si brämst und si abgstige. Si hei s Zält abglade und ufgstellt, s Znüni uspackt und gässe, d Fischruete gno und afo fische. Derzue hei si brummlet: «Fischers Fritz fischt frische Fische! Frische Fische fischt Fischers Fritz!»

«Hei», het der Seppli grüeft, «mir biisst e grosse a!» «Hei», het d Stine grüeft, «mir biisst no der grösser a!» «Mine isch es Kilo schwär!» lachet der Sepp. «Mine isch hundert Kilo schwär!» lachet d Stine. Si hei d FISCH vo der Angle gno und ine Chessel mit Wasser gleit. Si si vors Zält gsässe und hei gsunge: «Tra-ri-ro, mir si zum Zälte do!» I däm Momänt humplet der Pöschteler ume Egge. «He Chinder», het er grüeft, «i ha der Fuess verschtuucht. I sött is Nochbersdorf uf e Märit em Karussell-Ma go dä BRIEF abgä! Chönnted nid dir ne go bringe?» «Natürlech!» hei d Stine und der Seppli gseit.

Wie der Blitz hei si s Zält abbroche, d Fischruete ipackt, der Rucksack agleit, d Chessle mit de Fisch und em Wasser uf e Päckträger gchlemmt und si mit em Brief dervogfahre. Zmitts uf em Märit hei si brämst, si bim KARUS-SELL abgstige und hei em Ma dr Brief abgä. Dä het «danke» gseit, d Fisch im Wasser agluegt und vorgschlage: «Wenn der mer die Fisch gäht, dörft der füfzgmal gratis rundumfahre!» Das hei sech d Stine und der Seppli nid zwöimal lo säge. Si hei dä Fischhandel agno, si glücklech ufs Karussell gstige und füfzgmal ringsum gfahre. Am Schluss het s Örgeli gspilt:

«Gyge Gyge Tänzli,
ds Chätzli het es Schwänzli,
ds Chätzli het e Mus,
und jetz ischs us!»

«Schad», seit der Andi, «dass die schöni Gschicht scho fertig isch. Aber gäll, Tante Adele, morn darf i wider cho!»

Salzfass

Himmel und Höll

Wenn wir das Salzfass umdrehen und in die
vier Fächer von unten her Daumen und Zeige-
finger stecken, kann die Faltfigur einmal quer,
dann wieder längs geöffnet werden.
Wir malen die Öffnung in der einen Richtung
blau, in der andern rot an. Blau ist der Him-
mel, und rot ist die Hölle. Je nachdem wir
unser «Himmel und Höll» auf und zu klappen,
wird der rote oder der blaue Trichter sicht-
bar. Gespielt wird so: Der «Himmel-und-Höll-
Träger» streckt dem Partner die geschlossene
Faltfigur entgegen und fordert ihn auf: «Säg
e Zahl!» Der Angesprochene sagt eine Zahl
zwischen eins und zehn. Der Spieler klappt
nun sein «Himmel und Höll» abwechslungs-
weise auf Rot und Blau. Bei der gewünschten
Zahl wird sichtbar, ob der Partner in den Him-
mel oder in die Höll kommt.

Zauberi

Das «Zauberi» ist eine verfeinerte Spielform
des «Himmel-und-Höll-Spiels». Auf der
Trichterseite wird jedes der kleinen Dreiecke
in einer andern Farbe bemalt. Die grossen
Dreiecke nach aussen klappen und darunter in
jedes Feld verschiedene Figürchen zeichnen.
Zum Beispiel eine Sonne, einen Mond, ein
Schiff, eine Kuh, einen Nachttopf, einen Besen,
eine Hose, eine Tasse, eine Glocke usw. Nun
das Ganze wieder zum Salzfass falten und über
die Finger stülpen.
Der Spieler fragt den Partner: «Weli Zahl
wotsch?» Der Angesprochene sagt eine Zahl
zwischen eins bis zehn.
Der Spieler zählt ab, streckt dann dem Partner
das «Zauberi» entgegen mit den Worten:
«Weli Farb wotsch?» Der Gefragte sucht sich

eine Farbe aus. Der Spieler öffnet sein «Zau-
beri» geheimnisvoll und murmelt: «Hokus,
pokus, i verzoubere di ine...» Die Zeichnung
unter der gewählten Farbe gibt Auskunft, in was!

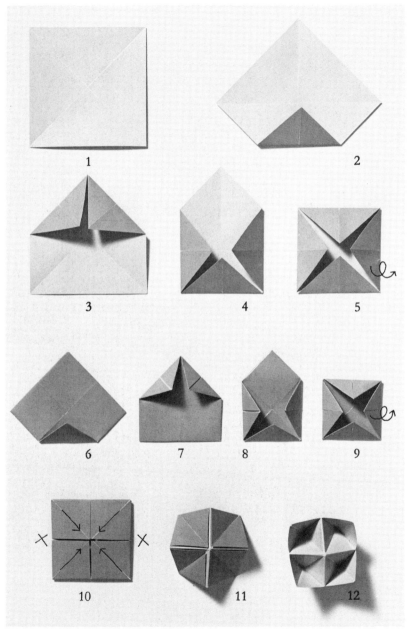

1
2
3
4
5
6
7
8
9
10
11
12

Faltpapier: Quadrat.

1 Karussell falten.
2 Segelschiff falten.
3 Haus falten.
4 Kuvert falten.
5 Kuvert schliessen, wenden.
6 Zum zweitenmal Segelschiff falten.
7 Haus falten.
8 Kuvert falten.
9 Kuvert schliessen, wenden.
10 + 11 Nun folgt der kniffligste Teil dieser Faltarbeit. Wir müssen das Salzfass mit beiden Händen in die richtige Form drücken. Wir legen bei Punkt X unsere Mittelfinger unter das Blatt und drücken mit Zeigefinger und Daumen die Mitte in die Höhe.
12 Jetzt müssen wir nur noch die vier Taschen nach aussen ziehen, und fertig ist unser Salzfass.

93

Drachen

Drache, Drache i der Höhli,
chumm use, grüene Löhli!

Drache schwanze,
Tüfel tanze,
Blitze chrache,
Drache lache.

Hou em Drach der Schwanz ab,
hou im nid der ganz ab,
lon im no es Stümpli stoh,
dass er morn cha z Hochzit go.

I bi der Drache Fritz
und frisse Füür und Hitz.
I bi der Drache Franz
und tanz der Drachetanz.
I bi der Drache Spitz
und spöitze gäli Blitz.
I bi der Drache Mutz
und brummle «Gopfridstutz».
I bi der Drache Lanz
und mache do der Schwanz.
I bi der Drache Chrallespitz
und mache bösi Sache.
I zieh de Lüt am Hoseschlitz!
Hu, de mues i lache:
ha, ha, ha!

Grüene, grüene Drache,
mit de chrumme Bei,
Schwäfeldampf und Donnerkrache,
flüg i dini Höhli hei!

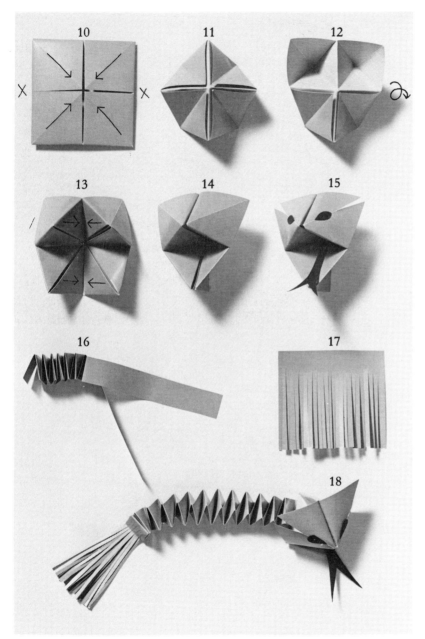

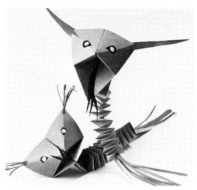

Faltpapier: Quadrat und zwei Streifen.

Der Kopf des Drachens entsteht aus dem Salzfass.

1–9 Salzfass falten.

10 + 11 Den kniffligsten Teil beschreiben wir nochmals: Salzfass mit beiden Händen in die richtige Form drücken. Wir legen bei Punkt X die Mittelfinger unter das Papier und drücken mit Zeigefinger und Daumen die Mitte in die Höhe.

12 Für den Drachen nur zwei Taschen nach aussen ziehen. Wenden.

13 + 14 Auf die mit Pfeilen bezeichneten Felder Leim auftragen und zusammenkleben.

15 Ohren einschneiden, Augen und Zunge ankleben.

16 Aus zwei Streifen falten wir eine Hexenstiege (siehe Seite 11).

17 Schwanz einschneiden und zusammenrollen.

18 An einem Ende der Hexenstiege den Schwanz anbringen, am andern den Kopf. Mit den Fingern der einen Hand von hinten in den Kopf schlüpfen, nun den Mund des Drachens auf und zu klappen.

95

Osterkörbchen

Näscht, Näscht, Oschternäscht,
Meitli, Buebe, suechet fescht!
Schoggihas und Zuckerei,
dä wo s findet, dä treit s hei!

Zwüsche gäle Schlüsseli
ligt es gfärbtnigs Ei,
der Peterli het s gfunde
und treit s im Näschtli hei.

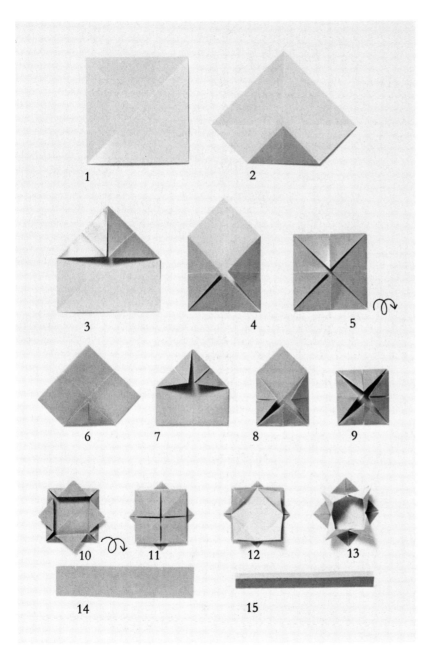

1 Diagonalen falten.

2 Eine Ecke zur Mitte um-
knicken. Jetzt haben wir ein
Segelschiff.

3 Zweite Ecke zur Mitte um-
knicken. Jetzt haben wir ein
Haus.

4 Dritte Ecke zur Mitte um-
knicken. Jetzt haben wir ein
Kuvert.

5 Vierte Ecke zur Mitte um-
knicken. Jetzt ist das Kuvert
geschlossen. Das so gefaltete
Blatt umwenden.

6 Nun «Segelschiff» falten.

7 «Haus» falten.

8 «Kuvert» falten.

9 «Kuvert» schließen.

10 Alle vier Ecken über den
Rand hinaus zurückbiegen, wie
Abbildung zeigt. Wenden.

11 So sieht es nun aus.

12 Alle vier Ecken von der
Mitte her zurückfalten.

13 Damit das Osterkörbchen
gut steht und tief wird, drücken
wir mit Daumen und Zeigefinger
alle Ecken einzeln in die Höhe.

14 + 15 Einen Papierstreifen
der Länge nach falten. Diesen
Papierstreifen als Henkel im
Innern des Körbchens hinter die
Seitenborde stecken und mit
Klammern anheften.

Nestchen mit grünem Oster-
stroh auspolstern, ein, zwei Eier
hineinlegen und verstecken. Aus
Silber- oder Goldpapier gefaltete
Miniatur-Körbchen, gefüllt mit
Blumen, Bonbons oder Zucker-
früchten, wirken festlich als
Tischdekoration.

Oschterhas,
du muesch uf Diegte springe
und de Chinder Eier bringe!

Oschterhäsli,
Schnüffelnäsli,
Löffelöhrli,
Schlänggeribei,
schänk mer es Ei,
süsch lo di nümme hei!

Oschterhas,
weisch du was?
Leg du mir es Ei is Gras!

Has, Has, Oschterhas,
mir chöi nüm lenger warte,
d Näschtli stöh im Garte!
Has, Has, Oschterhas,
leg gleitig dini Eier dri,
dass mer hüt chöi luschtig si!

Im Oschterhasehus
molt der Oschterhasema
sibehundert Oschtereier a.
D Oschterhasefrau
duet d Eier ine Chratte,
dreit se über d Matte,
versteckt se i de Näschtli.
Juhu, Chinder suechet,
hüt isch s Oschterfeschtli!

Buntverzierte Eier

Versuchen wir einmal weisse, hartgekochte Eier mit bunten Scherenschnitten aus Papier oder Selbstklebeplastik zu verzieren. Die aufgeklebten Muster wirken gut auf dem weissen Hintergrund.

Eierbutschen

Je nach Gegend sagt man auch Eierandotzen oder Eierpicken. Ostereier werden nicht einfach nur geschält und gegessen, sondern mit einem kleinen Spielritual aufgeschlagen:

«Duesch mit mer Eierbutsche?»
«Ja.»
«Wotsch Chopf oder Buch?»
«Buch!»

Der Befragte hätte auch «Chopf» wünschen können. In unserem Fall muss er dem Partner sein Ei in der ersten Runde mit der stumpfen Seite entgegenhalten. Dieser «butscht» seinen Eistumpf kräftig dagegen. Die Eier werden nun in der Hand umgedreht. Nur die Eispitze darf aus der Faust hervorragen. In der zweiten Runde wird Spitz auf Spitz (Chopf gäge Chopf) geschlagen. Sieger ist der Besitzer des unversehrten Ostereis. Wenn beide gesprungen sind, zählt die Runde als unentschieden. Wer erwischt das stärkste Ei und bleibt nach dem «Butschen» mit der ganzen Familie Sieger?

Eierrollen

Auf «Los!» lässt jedes Kind ein Ei den Wiesenhügel hinunterkollern. Wessen Ei zuerst unten anlangt oder am weitesten rollt, hat gewonnen. Eine Variante dazu ist der Eierwettlauf. Die Kinder springen dem rollenden Ei um die Wette nach. Wer es einholt und abfängt, ist Sieger.

Eierwerfen

So unglaublich es tönen mag, gekochte Eier
lassen sich wirklich werfen! Natürlich nur
auf einer Wiese oder im Garten auf dem
Rasen. Wenn das Ei beim Landen nicht auf
ein Steinchen oder Zweiglein fällt, kann es
ohne Schaden öfters meterweit geworfen
werden. Alle Spieler stellen sich in einer
Reihe auf und werfen die Eier nacheinander
in der gleichen Richtung. Die ersten Würfe
nur mit flachem Bogen über dem Boden
ausführen: ein Meter, zwei Meter, drei
Meter… Das stärkste Ei mit der grössten
Wurflänge hat gewonnen. Zerbrochene Eier
scheiden immer aus. Wie manche Runde
können Sie werfen?

Osterspaziergang

Auf den Osterspaziergang nehmen die
Erwachsenen Eier, Zuckereier und Schoggi-
häschen mit. Sie verstecken diese unbe-
merkt beim Gehen am Wegrand. Die Kin-
der suchen die feinen Ostersachen. Erstaun-
lich, wie lange Kinder dieses Spiel mitma-
chen, auch wenn sie schon lange nicht mehr
an den Osterhasen glauben! Werden Oster-
sachen übersehen, helfen wir mit «heiss»
und «kalt» dem Finden ein wenig nach.

S Oschterhäsli

Carl Hess

Hin-term Huus, vor-em Huus

ma-che mer Rin-ge-tänz-li;

s O-schter-häs-li luegt is zue,

wäd-let mit em Schwänz-li.

Hinterm Huus, vorem Huus
sueche mer Moos und Stainli;
s Oschterhäsli gumpt dervo,
schlenkret syni Bainli.

Hinterm Huus, vorem Huus
baue mer glaini Neschtli;
s Oschterhäsli springt gschwind heim,
holt sy Aier-käscht-li.

Hinterm Huus, vorem Huus
tien mer luschtig singe;
s Oschterhäsli tuet is hit
gfärbti Aili bringe.

A. Mahler-Frey

99

Gschicht vom Oschterhase-Hansi

D Gschicht vom Oschterhase-Hansi het üs aube scho d Grossmueter verzellt. Weit der se ou lose? Si geit eso: Der Oschterhase-Hansi isch der jüngscht Bueb vor Familie Langohr. Er het *das* Johr s erschtmol dörfe hälfe bim Eierfärbe. Das het ihm Fröid gmacht! Vor luter Ifer het er bim Färbe s Züngli usegschtreckt.

«Zum Verträge bisch no z chly!» het der Vater gseit, wo d Eier alli fertig gfärbt gsi si.

«Bitti, bitti, lo mi au e Hutte zu de Mönschechinder träge!» het der Hansi bättlet.

Und will er so guet Farb uf d Eier pinslet het und nid het welle höre mit sim Bättle, het d Familie bschlosse, är dörf die chlynschti Hutte sälber is Nochbersdorf träge. Si hei nem d Hutte a Rügge ghänkt und gseit: «Pass aber uf, dass jo keini Eier verbräche!» «Jo, jo», het er versproche und isch dervo ghöpperlet. Er het bsunders guet ufpasst. Und wies eso geit, wemmes bsunders guet wott mache, plötzlech, fasch am Änd vom Wald isch er überne Wurzle gstolperet und flach uf em Bode gläge. D Eier si alli us der Hutte uf e Wäg grugelet! So nes Päch! Die meischte hei Sprüng und Riss i der Schale gha!

Der Oschterhase-Hansi isch ufene abgsägte Holzstock gsässe und het vor luter Schreck und Wuet müesse brüele. Plötzlech isch er ufgschprunge, het sech a Chopf glängt und grüeft: «I han e Idee! Zusserscht vom Dorf, grad vor em Wald, wohnt doch der Schnider Mock. Dä chammer vilicht hälfe, die Eier z flicke!» Wie der Blitz het er d Eier zämmegläse und si sorgfältig i d Hutte gleit. Dermit isch er zum Schnider ghöpperlet. Der Schnider Mock het nid wenig gstuunet, wo a däm Oschtermorge e chlyne Oschterhasebueb vor sir Türe gstande isch und vor Ufregig gschtaggelet het: «Herr Sch-sch-schnider Mock, m-m-m-mir isch öppis Dumms passiert. Chönnte Si mir hälfe d Eier flicke?»

Der Schnider het sech die Bscherig agluegt und gseit: «Chumm ine, mer wei luege, was me cha mache. Näie channi die Eier nid. Aber vilicht chöi mer Papyr- und Stoffblüemli und Stärndli über d Riss und d Spält chläbe.»

Das het sech der Oschterhase-Hansi nid zwöimal lo säge. Er isch mit sinere Hutte i d Wärchschtatt vom Schnider Mock inepfitzt und het d Eier sorgfältig uf e Tisch gleit. Zämme hei si mit Stoffblüemli und Stärndli sorgfältig alli kaputte Stelle überchläbt. Si die Eier aber schön worde! Gflickt hei si no vill schöner usgseh als gmolet!

«Viele, viele Dank!» het der Oschterhase-Hansi gseit und d Eier mit der Hilf vom Schnider schnäll wider i d Hutte bigelet. «Jetzt muess i aber pressiere! Süsch si de d Chinder scho wach und wei d Näschtli go sueche, vor i se verteilt ha!» Der Schnider het ihm unter der Türe no nochegwinkt und grüeft: «Nüt z danke, sisch gärn gschee, chlyne Oschterhasebueb!»

Wie s Bysiwätter het er d Eier i d Näschtli verteilt und vor luter Pressiere no Eier im Gras verlore. Nachär het er sech hindereme Busch versteckt und mit Härzchlopfe gwartet, bis d Chinder si cho d Näschtli sueche. Der Hase-Hansi het nid lang müesse warte.

Hei die Chinder gjublet, wo si die verlorene Eier im Gras gfunde hei! «So schöni Eier hei mer no keis Johr gha!» hei si glachet und d Näschtli gsuecht.

Der Oschterhase-Hansi isch lysli abgschliche. Er isch froh gsi, dass d Chinder nüt gmerkt hei. Deheim het er numme gseit, es sig guet gange...

Dä Vorfall het im nächschte Johr aber no es Nochspiel gha! Es si nämlech vill Brief vo de Eltere bir Familie Langohr ytroffe. Dört inne hets gheisse: «Mir hätte das Johr ou gärn wider e so bsunders schöni Eier mit Papyr- und Stoffblüemli und Stärndli für üsi Chinder!»

Do het sech der Hasevater der chly Hansi vorgchnöpft: «Was zum Donner hesch de du s letscht Johr mit dine Eier gmacht?» Do het der Oschterhase-Hansi die ganzi Gschicht müesse verzelle, vom Umburzle, de Sprüng und de Riss i de Eier und vom Schnider Mock sire Hilf. «Gschech nüt Bösers», meint der Hasevater, «jetzt müesse mer halt das Johr au wider settigi Eier mache! Gang zum Schnider und reich mer söttigi Papyr- und Stoffblüemli und natürlich ou Stärndli!»

Sit do chöi Mönschechinder immer wider settigi Oschtereier finde, wenn si chly Glück hei!

Dampfschiff

Faltpapier: Quadrat.

1 Segelschiff falten.
2 Haus falten.
3 Kuvert falten.
4 Kuvert schliessen, wenden.
5 + 6 Zum zweitenmal ein Segelschiff falten.
7 Haus falten.
8 Kuvert falten.
9 Kuvert schliessen, wenden.
10 + 11 Zum drittenmal ein Segelschiff falten.
12 Haus falten.
13 Kuvert falten.
14 Kuvert schliessen, wenden.
15 Vorsichtig zwei gegenüberliegende Quadrate flach nach aussen schieben.
16 Die zwei noch liegenden Quadrate aufstellen und nach aussen ziehen.
17 Unserem Dampfschiff fehlt nur noch ein dekorativer Anstrich und ein Wattebausch ins Kamin, um dampfend in See zu stechen.

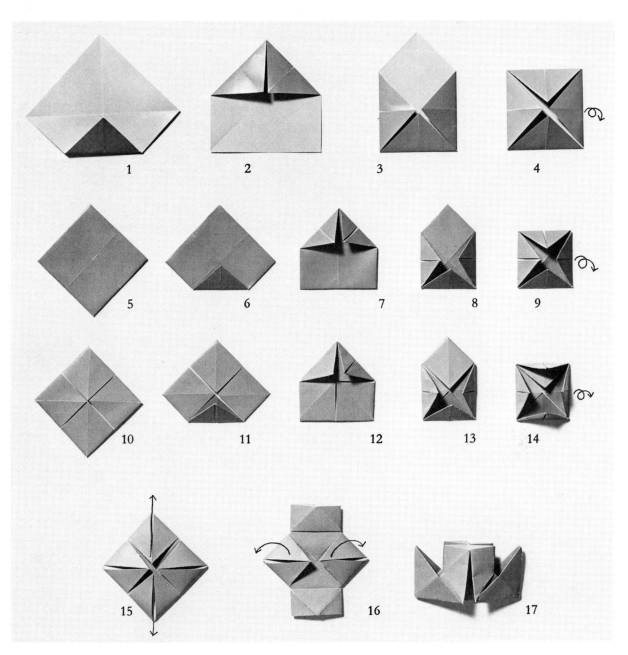

Fisch

Fischli wämmer fange
mit ere lange Stange,
mit ere Schnuer und Angle dra,
Fischli, muesch di fange la!

Was isch?
Meh Wasser as Fisch!

Fischli, Fischli, säg warum
bisch du au so still und stumm?
Chindli, Chindli, weisch warum?
Wär viel redt, dä seit viel Dumms!

Früh in der Frische
fischen Fischer Fische.

Im Himmel, im Himmel
isch e guldige Tisch,
da sitze die Ängle
bi Brot und bi Fisch.

Der Hansli am Bach
het luter guet Sach,
het Fischli zum z Morge
und Chräbsli zum Znacht.

Was isch?
E Has isch ke Fisch!

Fischers Fritz fischt frische Fische,
frische Fische fischt Fischers Fritz.

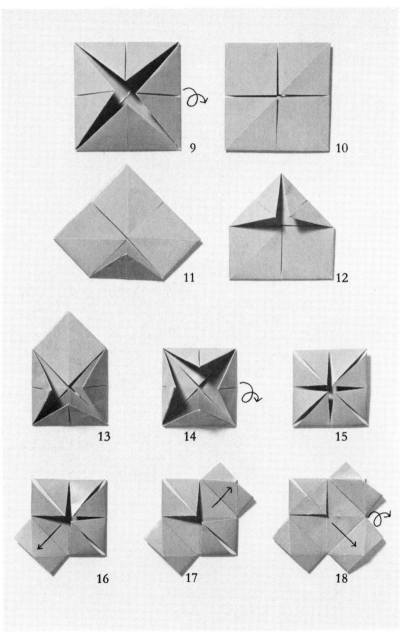

Faltpapier: Quadrat.

1–9 Siehe Seite 102 Dampfschiff «Geschlossenes Kuvert», wenden.

10 + 11 Zum drittenmal in diesem Faltablauf ein Segelschiff falten.

12 Haus falten.

13 Kuvert falten.

14 Kuvert schliessen, wenden.

15 + 16 Von den vier kleinen Quadraten schieben wir eines flach nach aussen.

17 Das gegenüberliegende Quadrat flach nach aussen schieben. Das sind die Flossen.

18 Nun schieben wir den Schwanz nach aussen. Fisch wenden und mit einem Klebstreifen die Bauchseite fixieren.

105

Fischen

Wir bemalen die Fische mit Deckfarbe. An der Rückseite des Kopfes befestigen wir ein Vorhangringlein mit einem Klebstreifen. Ausserdem erhält jeder Fisch auf der untern Seite eine Nummer, von 1 bis 20. Auf ein blaues Tuch legen wir Steine und Muscheln. Darauf verteilen wir unsere Fische. (Sie lassen sich besser fangen, wenn die Vorhangringlein etwas vom Boden abstehen.) Gefischt wird mit selbstgebastelten Angelruten. Wir binden einen Wollfaden an ein Stecklein. Als Angel befestigen wir ein aus Blumendraht geformtes Häklein. Zwei bis vier Spieler stellen oder setzen sich um den See und beginnen auf «los» zu fischen. Wenn einer der Angler einen Fisch gefangen hat, legt er ihn neben sich und angelt weiter. Das Spiel ist beendet, wenn alle Fische gefangen sind. Sieger ist nicht, wer die meisten Fische geangelt hat, sondern wer die «schwersten» Fische gefangen hat, denn die Zahl auf der untern Seite des Fisches zählt als Kilogramm.

«I fische»

Wir sitzen um den Tisch. Jeder Spieler hält einen Papierfisch am Schwanz auf der Tischplatte. Der Fischer steht. Er fährt mit der Hand über der Tischplatte in der Luft hin und her und sagt:

«I fische, fische Fisch
uf däm grosse Tisch,
dasch die ganzi Nacht so gange,
ha keis einzigs Fischli gfange.»

Plötzlich, ganz unvermutet, schlägt er nach einem der Fische. Der Spieler zieht den Papierfisch schnell zurück. Wird der Fisch vom Fischer getroffen, muss er abgegeben werden, und der Spieler scheidet aus. Sieger ist, wer seinen Fisch zuletzt noch in der Hand hält. Er wird im nächsten Spiel Fischer.

Wettfischen für Kleine

Kleine Kinder können das Wettfischen auch ausführen, ohne auf das Gewicht der Fische zu achten. Bei ihnen zählt allein die gefangene Stückzahl. Sieger ist, wer die meisten gefangen hat.

Wer hat den schnellsten Fisch?

Für dieses Spiel benötigen wir unbemalte Papierfische ohne Vorhangringlein. Wir stechen mit der Ahle ein Loch in die Kopfspitze, ziehen einen Faden durch und knüpfen ihn fest. Das andere Ende des Fadens wird um den Bauch des Spielers gebunden. Dieser schleift den Papierfisch nun beim Laufen auf dem Boden nach. Alle Kinder laufen herum. Jedes Kind versucht, durch Darauftreten so viele Fische wie möglich zu fangen. Die Fische reissen dabei ab. Sieger ist, wer nach der vorher festgesetzten Zeit seinen Fisch noch am Faden hat und die meisten Fische ergattern konnte.

Welcher Fisch ist weggeschwommen?

Wir legen fünf bis zehn bunt bemalte Fische auf den Tisch. Der Spielleiter bestimmt ein Kind, das sich die Fische genau ansehen darf, bevor es aus dem Zimmer geht. Der Spielleiter nimmt einen Fisch weg oder vertauscht die Fische auf ihren Plätzen. Das Kind wird hereingerufen. Kann es genau sagen, welcher Fisch fehlt oder welche vertauscht wurden, wird es in der nächsten Runde Spielleiter.

Drunten am Tirolersee

Drun-ten am Ti - ro - ler-see,

wo die Fisch-lein schwim-men,

freun wir uns das gan-ze Jahr;

Va-ter, lass uns sin-gen:

hol-la, hol-la, wir sind

hier, den Sil-ber-fisch, den

Sil-ber-fisch, den wol-len wir.

Die Kinder stehen im geschlossenen Kreis, die Arme zu Toren gehoben. Eines geht um den Kreis, wobei es nach Belieben durch die Törlein schlüpfen, quer durch den Kreis ziehen und auch die Richtung ändern kann.

Bei «Silberfisch» gibt es einem (bei vielen Mitspielern zwei bis drei Kindern) einen leichten Schlag auf den Rücken. Diese «Silberfische» fassen zur Reihe an. Das erste Kind zieht diese Reihe durch die Tore, bis der Kreis aufgelöst ist. Das letzte Kreiskind beginnt von vorne.

Fische jagen

Man wählt ein ausgedehntes Spielfeld und markiert es mit gut sichtbaren Linien oder in die Erde gesteckten Stöcken. Zwei Spieler sind die Fischer, die andern die Fische. Die beiden Fischer nehmen sich bei der Hand und rennen kreuz und quer über das Spielfeld, um einen der fliehenden Fische einzufangen, indem sie ihn mit den Armen umschliessen. Da der Gefangene ebenfalls Fischer wird, ziehen sie nun zu dritt auf Fang aus. Wenn sie Glück haben, können sie bei einem Fischzug auch mehrere Fische erbeuten. Der letzte Fisch ist Sieger. Die Kette der Fischer darf nicht zerreissen und das Spielfeld nicht verlassen werden, weder von den Fischern noch von den Fischen. Der letzte Fisch wählt sich einen Gefährten, der mit ihm im neuen Spiel Fischer ist.

Fischer, weli Fahne wäiht?

Der Fischer befindet sich am Ende des Spielplatzes. Die Kinder stehen ihm gegenüber auf der andern Seite. Die Kinder fragen: «Fischer, weli Fahne wäiht?»
Darauf nennt der Fischer eine beliebige Farbe, Blau etwa. Wer nun etwas Blaues an den Kleidern hat, darf unbehindert das Spielfeld überqueren. Der Fischer versucht, alle andern zu fangen. Die Gefangenen helfen dem Fischer beim nächsten Spiel. Für jeden Durchgang wird natürlich eine andere Farbe ausgerufen.

Schildkröte

Was isch das?
Es treit sis Hus uf em Rügge
und isch doch kei Schnägg.

(E Schildchrott)

Schildkrötennest

Ein Spieler ist die Schildkröte und bewacht
das Nest, einen Kreis von 1,50 m Durchmes-
ser, in den man vier oder fünf Steine als Schild-
kröteneier legt. Die Schildkröte steht im Kreis,
die andern Spieler, die Räuber, stehen ausser-
halb und versuchen, die Eier zu entwenden.
Sie nähern sich dem Nest von verschiedenen
Seiten, müssen aber aufpassen, dass die Schild-
kröte sie nicht berühren kann. Wen sie fängt,
der muss mit ihr den Platz wechseln und die
verbliebenen Eier weiter bewachen. Dieser
Rollenwechsel wird so lange fortgesetzt, bis
alle Eier aus dem Nest gestohlen sind. Dann
werden die Eier an verschiedenen Stellen
versteckt, und die letzte Schildkröte, die sich
währenddessen die Augen zuhält, muss sie
suchen. Wenn es ihr nicht gelingt, alle zu fin-
den, muss sie ein Pfand geben.

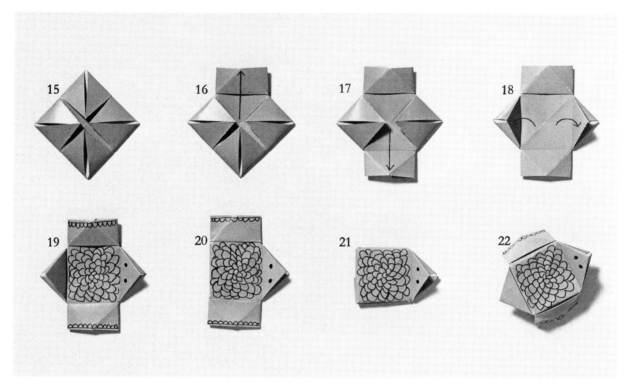

Faltpapier: Quadrat.

1–15 Falten der Schildkröte wie das Dampfschiff, siehe Seite 102

16 Ein Bein flach nach aussen schieben.

17 Zweites Bein nach aussen schieben.

18 Kopf und Schwanz zurück-schlagen.

19 Wir bemalen unsere Schild-kröte.

20 Schwanz auf die Bauchseite falten.

21 Beine auf die Bauchseite falten.

22 Schildkröte aufstellen. Mund etwas öffnen.

Di grossi Ferie-Reis

Faltgeschichte für Fortgeschrittene

Während des Erzählens werden die einzelnen grossgedruckten Gegenstände wie HOSE, STIEFEL, SCHIFF usw. gefaltet und den Kindern vorgezeigt. Der Erzähler muss den Faltablauf vorher gut einüben, damit er ihn während des Erzählens flüssig abwickeln kann.

Der Hansli isch en Amerikanerbueb. Z Amerika het me ihm natürlech gar nid Hansli gseit, sondern Jacky. Das isch uf Amerikanisch z gliiche. I d Schuel isch er no zimli gärn gange, aber vor allem het er sich uf d Ferie gfreut, wie d Chind bi üs ou. «Wenn gö mer ändlech uf die Reis?» frogt er jede Tag. «Zersch müesse mer der no Chleider choufe», seit d Muetter «du söttisch dringend es Paar neui HOSE ha, e warme PULLOVER und e MEXIKANERHUET.» Der Jacky sälber het bsunders gärn no neui STIFEL welle, wie ne richtige Cowboy. Wo si alles poschtet und ypackt gha hei, frogt der Jacky: «Wo gö mer eigetlech hi? Dir reded duurend vo dere grosse Reis, aber i weiss immer nonig, wo häre!» Do seit d Muetter: «Kennsch die Fahne?» – «Aha», seit der Jacky, «s SCHWYZERCHRÜZ! Also gö mer i d Schwyz.»

Wie si si greist? Si hei e risige ÜBERSEEDAMPFER gno und si über s Meer gfahre, mee als e Wuche lang. Das het em Jacky gfalle. Wo si däne acho si, het der Vater gseit: «I bi afang ganz styf vo däm ewige Umehocke uf däm Schiff. I mues dringend es bitzeli Sport tribe.» Er het welle go ryte, aber do merkt er, dass er sini Ryt-Usrüschtig deheim vergässe het. Drum si si sofort in es pikfeins Sportgschäft gange, und der Vater het tüür ygchouft: e RYTJAGGE, es Paar schiggi RYTHOSE und no ne ZYLINDER. So het er vornähm chönne go usryte.

Spöter hei si Hunger übercho und si go ycheere. Si si ane TISCH ghocket mit eme schöne wysse Tischtuech druff und hei wunderbar gässe. Me cha das Restaurant nume empfähle. Es steit am Thunersee. Wie heissts ou scho wider? He dänk STÄRNE!

Nach dem Ässe het der Jacky gstürmt, er well go Böötli fahre. «Dasch kes Problem», seit der Vater, «mir gö eifach a Hafe abe und miete sones Böötli. Lueg do hets grad e Zwöiplätzer für üs, es richtigs DOPPELSCHIFF!»

Di zwee si ygstige und losgruederet. D Muetter hei si eifach am Hafe lo stoh. Wo si scho wyt uf em See usse gsi si, isch uf einisch e gwaltige Sturm cho. Wie der Blitz hei si d SÄGEL ghisst und si mit em Luft zrügg i Hafe gsäglet.

Dört steit d Muetter. Si isch e chli hässig gsi und het grad afo reklamiere: «Dir tüet gäng nume für euch sälber Gäld usgä, Böötli fahre und tüüri Chleider choufe. I hätt ou gärn e chlini Erinnerig a die Ferie-Reis gha! Am liebschte wett i e schöne nöie Huet!» Do nimmt der Vatter s PORTMONEE zum Sack us und luegt dry. Er macht es längs Gsicht. Beidi Fächli si läär. Verläge luegt der Vatter umenand. Do gseht er am Trottoirrand e SCHACHTLE ligge. Schnäll het er se uf, chehrt se um und setzt se der Muetter uf e Chopf: «So, do hesch di nöie HUET!»

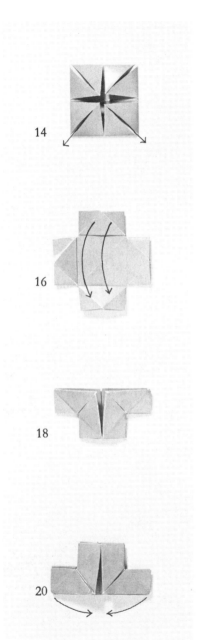

14

16

18

20

15 HOSE

17 PULLOVER

19 HUT

21 STIEFELI

Faltgeschichte für Fortgeschrittene

1–14 wie Dampfschiff (siehe Seite 102).

14 + 15 Die unteren Quadrate flach nach aussen schieben: HOSE.

16 + 17 Die beiden oberen Quadrate gleichfalls nach aussen schieben. Das so entstandene Kreuz in die Hälfte legen: PULLOVER.

18 + 19 Nach oben drehen: HUT.

20 + 21 Leicht gegen die Mitte falten: ein Paar STIEFEL.

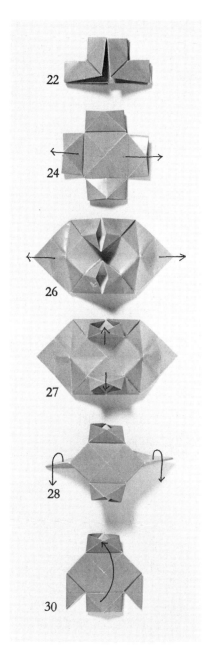

22

24

26

27

28

30

22 + 23 Stiefel wieder flachlegen und zum Kreuz öffnen: SCHWEI-ZERKREUZ.

24 + 25 In die Seitenbalken des Kreuzes hineingreifen, auseinander-ziehen: ÜBERSEEDAMPFER.

26 Weiterziehen, bis die Spitzen des Quadrats erscheinen.

27 «Kamine» des Dampfers nach aussen schieben.

28 + 29 Seitliche Spitzen des Quadrats zusammenpressen und nach unten drehen. So entstehen die Ärmel der REITJACKE.

30 + 31 «Jackenbord» auf den «Kragen» legen: REITHOSE.

23 SCHWEIZERKREUZ

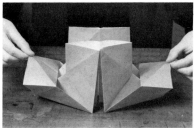

25 ÜBERSEEDAMPFER

29 REITJACKE

31 REITHOSE

113

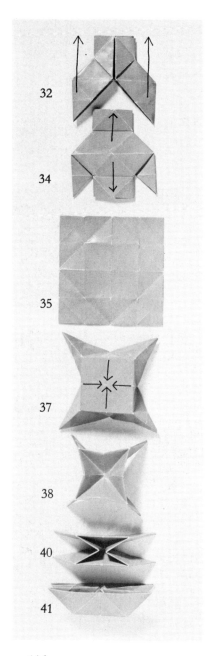

32

34

35

37

38

40

41

32 + 33 «Hosenbeine» nach
oben falten: ZYLINDER.

34 + 35 «Zylinder» zurückver-
wandeln in «Reitjacke». Ziehen an
«Kragen und «Bord», bis ein offe-
nes Quadrat entsteht.

36 Quadrat zum TISCH formen.

37–39 Zusammenschieben zum
STERN.

40–42 Stern flachdrücken und
aufstellen als DOPPELSCHIFF.

33 ZYLINDER

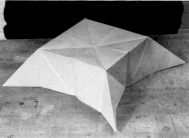

36 TISCH

39 STERN

42 DOPPELSCHIFF

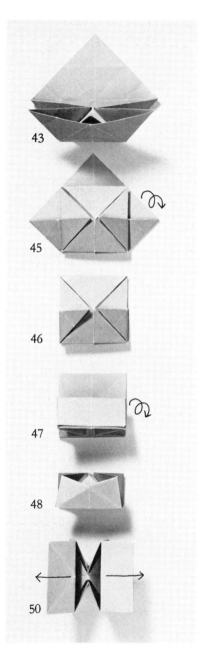

43

45

46

47

48

50

43 + 44 Aus dem Schiffsinneren zwei SEGEL herausziehen.

45 Segelschiff flachlegen. Obere drei Ecken zur Mitte falten. Wenden.

46 Übrige Ecken zur Mitte falten.

47 Vordere obere Hälfte des Quadrats nach unten falten. Wenden.

48 Obere Hälfte des Quadrats nach unten falten.

49 Der GELDBEUTEL hat zwei leere Fächer!

50 Lose Seitenteile des «Geldbeutels» nach aussen ziehen.

51 Es entsteht eine SCHACHTEL.

52 Die Schachtel wird auf den Kopf gesetzt als HUT.

44 SEGEL

49 GELDBEUTEL

51 SCHACHTEL

52 HUT

115

Bauernhof

Bauernhaus

Diesmal lassen wir eine kleine Welt aus Papier
entstehen. Wir falten ein Bauernhaus, mit
einer grossen Wettertanne hinter der Scheune
und einem nahegelegenen Wald. In der Um-
zäunung weiden Pferde oder tummeln sich
Schweinchen. Sie wälzen sich in Papierpfützen
und fressen Papierschnitzel-Gras. Bauer und
Bäuerin sehen zum Rechten.

Wär chunnt i mis Hüsli?
s Chätzli oder s Müsli?

Annebäbeli, witt mi ha?
I bin en guete Zimmerma,
i will der es Hüsli baue
und es Ställeli hindedra.

Uf em Bärgli steit es Hüsli,
wohnt e Frau drin wie nes Müsli,
het e chrummi Nase,
cha Trumpete blase.

Es nigelnagelneus Hüsli,
es nigelnagelneus Bett,
es nigelnagelneus Schätzli
isch alles, was i gärn hätt.

Hinder s Hanse Heiris Hus
han i hundert Hase ghöre hueschte.

Bum bum bum,
euses Hus isch chrumm.
Es chunnt en alte Zimmerma,
er wott das Hus i d Gredi schla.
Bum bum bum,
jetz gheit das Hüsli um!

Hinderem Hus u vor em Hus
steit e grossi Bueche,
u we die Buebe jährig si,
so fa si afa flueche.

Hinderem Hus u vor em Hus
steit e läri Bänne,
u we die Meitschi jährig si,
so ga si dri ga gränne.

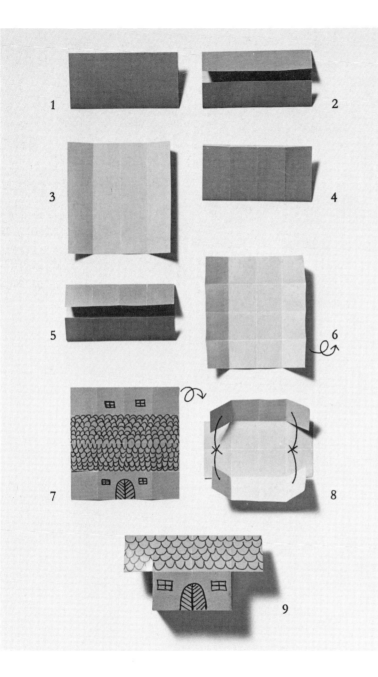

Faltpapier: Quadrat.

Das Faltblatt wird in 16 Quadrate eingeteilt. Das geschieht so:

1 Quadrat in die Hälfte falten und zurück.

2 Oberen und unteren Rand an die Mitte falten.

3 Wieder öffnen, Blatt so vor sich hinlegen, dass die Falze senkrecht liegen.

4 Nun wieder in die Hälfte falten und zurück.

5 + 6 Oberen und unteren Rand zur Mitte falten und öffnen. Blatt wenden.

7 Auf der Rückseite zeichnen wir in den zwei Mittelfeldern Ziegel, in den Seitenfeldern Fenster und Türen. Blatt wenden.

8 Auf der Innenseite 4mal einschneiden, wie die Abbildung zeigt. Seitenwände aufklappen und zusammenlegen, leimen.

9 So sieht unser fertiges Haus aus.

119

Söili

Der Hansli und si Frou
frässe zämme ne Sou,
der Hansli macht es Tänzli
und frisst der Sou no s Schwänzli.

Ich und du
und s Müllers Su
und s Becke Stier
sind üsere vier.

Wie spät ischs, Pöili?
grunzet s Söili.
Viertel vor eis,
meggeret d Geiss.
Und e Viertel derzue.
muhet d Chue,
git e chly meh as vori!

Söili metzge,
Würschtli mache,
ch, ch, ch!
(Dreimal grunzen)

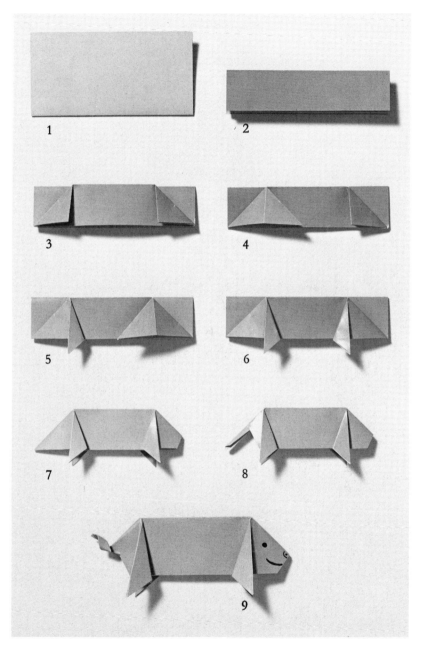

Faltpapier: *Quadrat.*

Grosses Schweinchen: 10×10 cm.

Kleines Schweinchen: 5×5 cm.

1 Faltpapier in die Hälfte legen.

2 Ränder vorn und hinten zur Bruchkante zurückfalten, so dass ein «M» entsteht.

3 Beide Ecken des obern Teils nach unten falten.

4 Die so entstandenen kleinen Dreiecke öffnen. Es entstehen grosse Dreiecke. Siehe Abbildung.

5 + 6 Von diesen grossen Dreiecken schlagen wir den losen Teil an den Mittelfalt des Dreiecks zurück.

7 Das Schweinchen wenden. Auf der Rückseite dasselbe falten. Auf der einen Seite die Spitze abschneiden, damit eine Schnauze entsteht.

8 Auf der andern Seite ein Schwänzchen schneiden. Siehe Abbildung.

9 Schwänzchen ringeln, Augen und Mund aufmalen.

Füf Söili chöme z louffe,
der Bur wott s ga verchoufe,
ds Schnüffelnäsli,
ds Ringelschwänzli,
ds Gwaggelöhrli,
ds Chugelränzli,
und ds chlynschte, ds Wädelibei,
rüeft: mir springe wieder hei!

Bhüet is trüli,
nei, wie schüli,
de Herr vo Büli
hät sibe Süli,
s häd keis es Müli,
bhüet is trüli,
isch das nüd schüli?
ä bhüet is trüli,
s isch nüd so schüli,
de Müller vo Büli
hät sibe Süli,
drum halt dys Müli,
s isch nüd so schüli.

Herein, Herr Schwein,
es wird wohl nicht
der Herr Pfarrer sein!

I bi in Wald gange.
Ig o.
I bi zum e Baum cho.
Ig o.
I ha ne umghoue.
Ig o.
I ha ne Söitrog drus gmacht.
Ig o.
D Söi hei druss gfrässe.
Ig o.

Zerscht es M,
dänn es O,
dänn es C,
dänn do es W,
und do es W,
und dänn do es S.
Schrib din Name do dri!
Jetz verbindemer alli die Buechstabe –
jetz gsesch was d bisch!

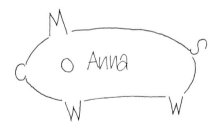

Gschicht vom Säuli, wo het welle Rosa heisse

Es isch einisch es chlises Söili gsi, das het sech gäng gergeret, wenn d Lüt «Söili» zuen im gseit hei. Äs hett lieber ROSA gheisse. Drum het es sech nie dräckig gmacht. Die andere Söili hei s Fuetter us em Trog gfrässe, und wills ne e so guet gschmöckt het, hei si wonniglich grunzet und gschmatzet derbi. Aber s Söili, wo het welle ROSA heisse, het nume ame trochene Strauhalm knabberet. Die andere Söili hei us de Glungge im Hof Wasser gsoffe. Aber s Söili, wo het welle ROSA heisse, het nume die subere Tropfe vom Wasserhahne abgschläcket. Die andere Söili hei sech im Schlamm gwälzt und vor Vergnüege quiitscht derzue. Aber s Söili, wo het welle ROSA heisse, isch dernäbe gstande und het sech d Füess im Gras abbutzt. So isch es immer schön suber gsi.

Derbi isch es aber immer dünner und dünner worde. Es het kei schöne runde Buuch me gha und keini Späckfalte me im Äcke. Und sis Ringelschwänzli isch trurig abeglampet. Do het der Buur zuen im gseit: «Du bisch chrank, du arms Söili!» und het im e bitteri Medizin is Muul gschüttet. Do het das Söili dänkt: «Wenn s Subersii däwäg bitter schmöckt, de will i doch lieber nid ROSA heisse!» Es het d Medizin usegschpöitzt, isch zum Trog grennt und het drus gfrässe. Denn hets e risegrossi Glungge usgsoffe und sech im Schlamm gwälzt, bis es ringsume dräckig gsi isch. Derbi het es vor Vergnüege quiitscht und grunzt wie die andere Söili!

Tanne

Faltpapier: festes, grünes Zeichnungspapier.

Das Faltpapier sollte etwa dreimal so lang wie breit sein.

1 Zusammenfalten wie die Abbildung a–c zeigt.

2 Wir zeichnen eine Tanne auf und schneiden sie aus. Dabei entstehen zwei.

3 Wir legen die zwei aufeinander und klammern sie im Falz zusammen.

4 Tanne so auseinanderziehen, dass sie gut steht.

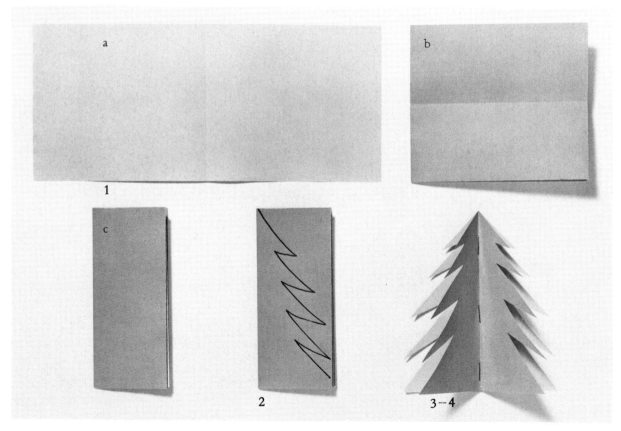

Zaun

Faltpapier: 5×80 cm langer Pack-papierstreifen.

1 Wir nehmen einen Papierstrei-fen und falten diesen zusammen.

2 Nun schneiden wir zwei oder drei «Zaunlatten» ein.

3 Wir falten den Streifen wieder auseinander und kleben die Enden zusammen.

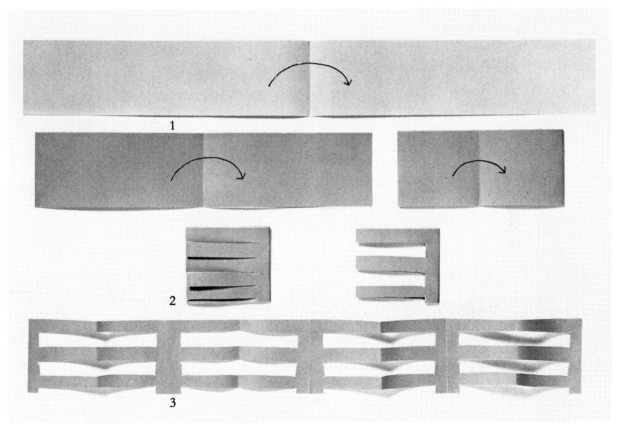

Rössli

Stall

Den Stall für unsere Rösslein basteln wir aus einer Kartonschachtel. Der Schachteldeckel wird zum Stalldach, die Schachtel zum Gebäude. In die Rückwand des Stalles ritzen wir mit einem spitzen Messer ein Fenster ein. Schmale Zeitungsschnitzel dienen uns im Spiel als Heu und Stroh. Die Weiden grenzen wir mit Papierzäunen ab.

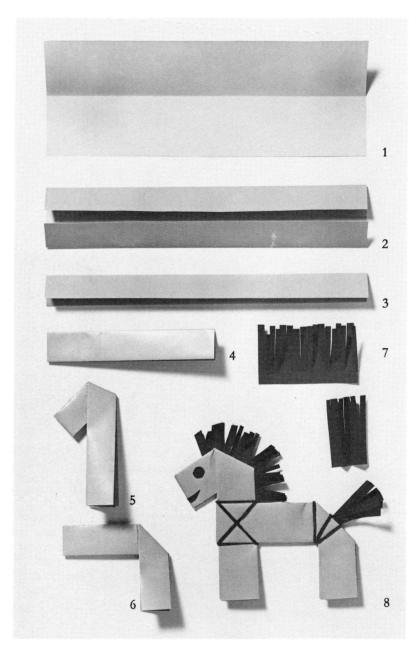

Von 1–4 werden beide Zeitungen gleich gefaltet.

1 Wir falten den doppelten Zeitungsbogen in die Hälfte und zurück.

2 Obern und untern Rand zur Mitte falten, das Ganze in die Hälfte legen.

3 Nochmals in die Hälfte legen. Jetzt haben wir einen Zeitungsstreifen von ungefähr 4 cm Breite.

4 Wir legen die schmalen Enden aufeinander. Der Streifen ist jetzt doppelt.

5 Aus dem einen Streifen formen wir nun den Kopf und die Vorderbeine.

6 Aus dem andern den Rumpf und die Hinterbeine.

7 Aus Papier noch Mähne und Schwanz mit Fransen schneiden.

8 Kopfteil in Rumpfteil schieben und das Rösslein mit Wolle, Gummifaden oder Bast zusammenbinden an «Brust» und «Schwanz».

Dann kleben wir die Mähne zwischen die Halsteile und schieben den Schwanz oben zwischen die Hinterbeine.

Zum Schluss zeichnen wir Mund und Augen auf. Wer Lust hat, klebt einen verzierten Sattel über den Rumpf.

Damit das Rösslein einen guten Stand hat, müssen wir seine Beine etwas spreizen.

Uf Pa - ris, uf Pa - ris mit mim Rös - sli fin und wiss.

Uf Sedrun, uf Sedrun
mit mim Rössli lieb und brun.

Uf Ragaz, uf Ragaz
mit mim Rössli stolz und schwarz.

Uf Hallau, uf Hallau
mit mim Rössli stark und grau.

Vom Schmetterling zur Kugel

Schmetterling

Was isch das?
Es het zwe Flügel ohni Fädere?
Es isch e Vogel und cha doch nid
pfife?   (Sommervögel)

Summervögeli, wart mer ou,
dass i di chly cha gschoue.
I möcht di schöne Farbe gseh,
di rote und di blaue.

Blaui, blaui Blüemli
blüeied uf der Wies.
Blaui, blaui Falter
schoukled drüber liis.

Chlyne blaue Schmätterling
uf de rote Blueme
klappet d Flügeli uf und zue.
Chlyne blaue Summerwind,
blosne wit i Himmel ue!

Tra ri ro,
Summervögeli, flüg dervo!
Flüg über sibenesibetzg Hügeli
mit dine sidige Flügeli.
Tra ri ro,
Summervögeli, flüg dervo!

130

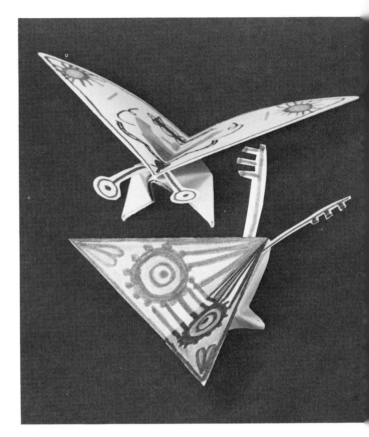

Faltpapier: Quadrat.
Der Schmetterling ist Vorstufe
zum Flieger und als Faltübung
recht anspruchsvoll. Er verlangt
genaues, kräftiges Falten. Vor-
schulkinder brauchen hierzu
unsere Hilfe. Das Bemalen der
Falter mit bunten exotischen
Mustern macht den Kleinen
Freude. Kreide, Farb- oder Filz-
stifte eignen sich gut. Die von
Kinderhand geschmückten
Schmetterlinge sind hübsche
kleine Geschenke. Sie wirken

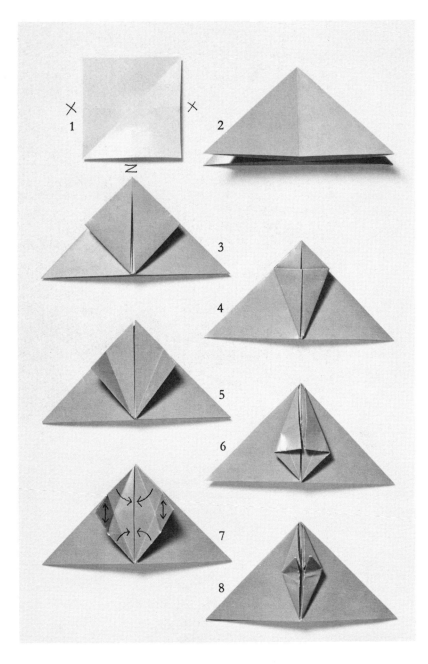

auch sehr gut als Tischdekoration oder Päckchenschmuck.

1 Waagrecht und senkrecht einen Mittelbruch falten. Papier öffnen. Wenden, auf der Rückseite die beiden Diagonalen falten, öffnen.

2 Die Punkte $\times$ auf z legen. Die so entstandenen Dreiecke glattstreichen. (Wer den Sommervogel verzieren möchte, kann jetzt eines der Dreiecke bemalen. Später, wenn die Füsschen gefaltet sind, liegt er nicht mehr flach auf.)

3 Die obenaufliegenden zwei Zipfel zur Spitze hinaufbiegen.

4 + 5 Das so entstandene Quadrat von unten rechts und links zur Mitte falten. Kräftig andrücken, wieder öffnen.

6 + 7 Dasselbe von oben. Dadurch entstehen vier Bruchlinien.

8 Mit Hilfe der Bruchlinien aufstehende Hasenohren formen. Das geschieht so: Mit dem Daumen und dem Zeigefinger drükken wir gleichzeitig die beiden linken Aussenkanten des Quadrats gegen die Mitte und pressen sie zu einem senkrechten, hochstehenden Zipfel zusammen (Abbildung 7). Dasselbe auf der andern Seite des Quadrates wiederholen. Beide Hasenohren kräftig zur Spitze hin pressen. Faltform umdrehen und hinstellen. Aus den Hasenohren sind die Füsschen des Schmetterlings geworden. Am Kopf Fühler ankleben. Beide Flügel etwas zusammenkneifen und wieder entfalten. Da steht er nun, unser schöner Falter!

131

Flieger

I wett, i wett, i wett
e Tschumbo – Tschumbotschet!

Flugi, Flugi, flüg
i Himmel ufe und zrügg!

Santichlaus, du liebe Ma,
gäll i darf e Flugi ha?
Aber nid e Chläpperchaschte,
eine wo n i cha go braschte.

I fahre ire Flugi
höch am Himmel obe.
Töif unde gsehn i
chlyni, chlyni Lüt.
Die rüefe lut:
chum zrügg, chum zrügg!
I fahre ire Flugi
wit furt und ghöre nüt!

Was isch das?
Es flügt i der Luft
und isch doch ke Vogel?
Es suust wie der Blitz
und chracht wie der Donner
und isch doch keis Gwitter?
(Düsenjäger)

Igi agi ugi,
i wett, i hätt e Flugi,
de fliegt i übers Land
und winkt i mit der Hand.

Faltpapier: A4-Format.

1 + 2 Für den Flieger benötigen wir ein Stück nicht zu festes Papier, Grösse A4. Für die Flügel schneiden wir ein Quadrat ab. Aus dem Streifen entsteht der Rumpf.

3 Die Flügel werden genau wie der Schmetterling gefaltet.

4 Die Spitzen des Rumpfes zur Mitte falten. Die Streifen der Länge nach in die Hälfte legen, wieder öffnen, in den Flügel einschieben.

5 Die Spitze des Fliegers umknicken, gut anpressen.

6 So muss der Flieger jetzt aussehen. Wenden! (Siehe 7)

8 In die Hälfte falten. Damit der Flieger besser fliegt, Flügel leicht nach aussen knikken. Zum Werfen den Flieger mit Daumen und Zeigefinger unter dem Flügel am Rumpf festhalten.

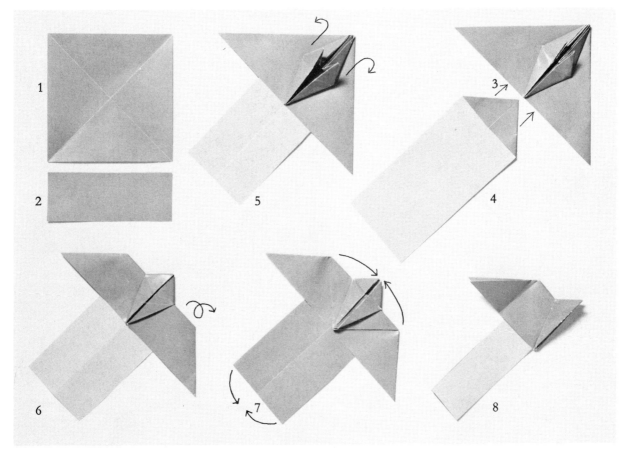

133

Teufel

Der Tüfel u der Donnersgueg,
die hei enander bisse.
Der Tüfel het em Donnersgueg
e Bitz vom Bei usgrisse.

Tüfeli, Tüfeli underem Tisch,
chumm füre oder blib, wo de bisch!

Der Pfarrer vo Wohle
frisst Chole.
Der Pfarrer vo Worb
frisst e Chorb.
Der Pfarrer vo Almedinge
frisst Chalbergringe.
Der Pfarrer vo Schönbüel
springt über Bänk u Stüel.
Der Pfarrer vo Sankt Galle
isch i ds Bschütloch gfalle,
won er du isch use cho,
het ne halt der Tüfel gno.

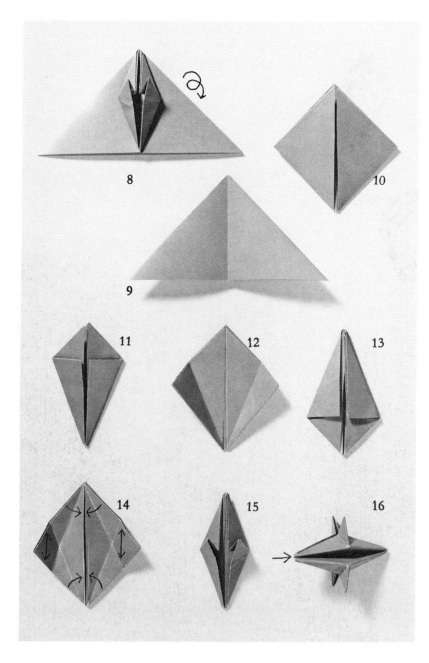

8

10

9

11

12

13

14

15

16

Faltpapier: Quadrat.

Auch diese Faltübung verlangt besonders genaues, kräftiges Falten.

1–8 Wie Schmetterling falten (siehe Seite 130).

Wenden. Ab jetzt nochmals dasselbe falten:

9 + 10 Die obenaufliegenden zwei Zipfel zur Spitze hinaufbiegen.

11 + 12 Das so entstandene Quadrat von unten rechts und links zur Mitte falten. Kräftig andrücken, wieder öffnen.

13 + 14 Dasselbe von oben. Dadurch entstehen vier Bruchlinien.

15 Wie beim Schmetterling mit Hilfe der Bruchlinien aufstehende Ohren formen.

16 Unser Teufel hat oben und unten «Ohren». Wir halten zwei der nebeneinanderliegenden Ohren fest, führen die Öffnung des Teufels (siehe Pfeil 16) an den Mund und blasen so lange hinein, bis sich die beiden andern Ohren vom luftgefüllten Kopf lösen und senkrecht aufstehen. Mit etwas Farbe können wir eine Teufelsfratze aufmalen. Auch aufgeklebte Papieraugen wirken gut.

135

Kugel

Die Faltfamilie «Schmetterling, Flieger, Teufel und Kugel» steht zu Recht hier im Schlusskapitel. Es sind anspruchsvolle Faltformen. Die von Teufel und Kugel lassen sich beide aufblasen. Aufgehängte farbige Kugeln sind ein schöner Zimmerschmuck, sie sind auch als fröhliche Dekoration bei einem Fest zu gebrauchen. Teufel und Kugel auf einen Blumenstab gestülpt können als Köpfe von Stabmarionetten verwendet werden. Wir verzieren sie mit farbigem Seidenpapier. Augen, Mund, Haare und Kopfbedeckungen aller Art schmükken die Gesichter. Unter den Köpfen drapieren wir die Röcke um die Stecklein und binden sie mit Faden fest oder fixieren sie mit Klebstreifen. Unsere Stabmarionetten sind etwas zarte Gebilde und nicht für die Dauer geschaffen. Aber sie sind doch recht gut brauchbar für ein oder mehrere Kindervorstellungen. Wir spielen frisch von der Leber weg alles, was uns gerade einfällt. Vorhang auf für unsere Stabpuppen! Wer entwickelt seine verborgenen Talente als Puppenspieler, Regisseur und Stückedichter?

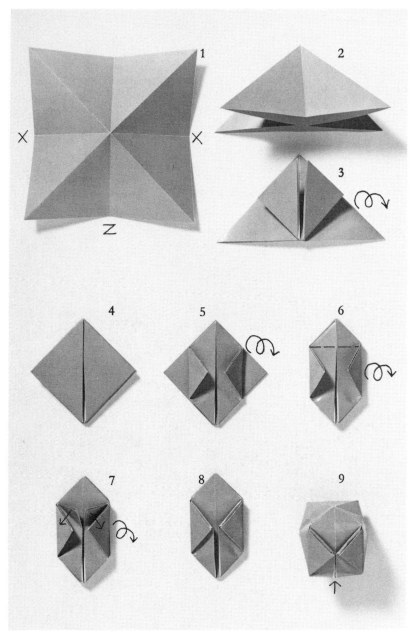

Faltpapier: Quadrat.

1 Waagrecht und senkrecht einen Mittelbruch falten. Papier öffnen. Wenden. Beide Diagonalen falten, öffnen.

2 Die Punkte X auf Z legen.

3 + 4 Die obenaufliegenden zwei Zipfel zur Spitze hinaufbiegen. Wenden. Nochmals die obenaufliegenden Zipfel zur Spitze hinaufbiegen.

5 Beide Dreiecke zur Mitte falten. Wenden.

6 Beide Dreiecke zur Mitte falten. Die losen Spitzen der punktierten Linie entlang abschneiden. Wenden. Auf der Rückseite dasselbe.

7 + 8 Alle losen Dreiecke seitlich in die vier Taschen einschieben.

9 Das Faltgebilde sorgfältig mit beiden Händen zum Mund führen und in die einzige, kleine Öffnung hineinblasen (siehe Pfeil 9), bis sich die Kugel entfaltet.

Inhaltsverzeichnis

Alphabetisches Verzeichnis

Die folgenden Verlage und Autoren haben uns freundlicherweise Noten, Lieder, Spiele, Verse und Geschichten zur Verfügung gestellt:

Blaukreuzverlag, Bern (aus «Tanzen und Springen» von R. Nebiker: Drunten am Tirolersee, Zwischen Berg und tiefem Tal)

Buchverlag Tages-Nachrichten, Münsingen (aus« Grossvater, weisch no nes Värsli»: Summervögeli, wart mer ou)

Corvina-Verlag, Budapest (aus «Spiele aus aller Welt» von A. Lukacsy: Fischerspiel, Geflügelmarkt, Schiffeblasen, Schildkrötennest)

Hochverlag, Düsseldorf (aus «28 Lachgeschichten» von U. Wölfel: Vom Schwein, das Rosa heissen wollte – Mundartbearbeitung S. Stöcklin)

Lehrmittelverlag des Kantons Basel-Stadt (Noten aus «I bi ne glaine Zottelbär» zu: Schwesterli, kumm tanz mit mir, Räbete, räbete, pläm, Drei glaini Zwärgli, Annebäbeli, lipf der Fuess, Hit tanzt Joggelima)

Oberösterreichischer Landesverlag, Linz (aus «Oberösterreichische Kinderspiele» von Kampmüller: Wir fahren heut nach Holland)

Verlag für Schul- und Büromaterialverwaltung der Stadt Zürich (aus «Spiele und Lieder für den Kindergarten»: I han es chlyses Schiffli, Hinderem Huus, Mys Bääbeli mues tanzet haa, Deet uf säbem Bergli, Hopp, hopp, hopp, D Appizäller sind luschtig)

Kindergärtnerinnenseminar Marzili, Bern («Uf Sedrun...», Mundartfassung des französischen Kinderliedes «à Paris, à Paris, sur mon petit cheval gris.»)

Foto Seite 96 von Marianne Wolleb, TV-Fotografin.

Komm wir spielen. *Spiel und Spielzeug für Kinder bis 9 Jahre*
Ein Kind spielt in seinen ersten sechs Lebensjahren rund 15 000 Stunden. Es lernt die Welt spielend kennen. Deshalb ist es so wichtig, dass wir dem Kinderspiel wohlwollende Beachtung entgegenbringen. Die Autorin gibt Eltern, Kindergärtnerinnen, Krippen- und Spielgruppenleiterinnen Anregungen und Erfahrungen weiter: Wann ist die günstigste Spielzeit? Wie motiviere ich Kinder zu ausdauerndem Spiel?
156 Seiten mit 9 farbigen und 93 einfarbigen Abbildungen und 195 Illustrationen.

Die schönsten Spiele mit Tüchern
Ein fröhliches Spielbuch für Familien, Spielgruppen, Kindergärten und Ferienlager.
62 Seiten, farbig illustriert.

Geburtstag hab' ich heute. *Spiel-, Bastel- und Geschenkideen, Lieder und Rezepte für Geburtstagsfeste von 1 bis 9 Jahren.*
Ein reich illustrierter Ratgeber für unvergessliche Geburtstagsfeste.
144 Seiten, mit vielen Fotos und Notenbeispielen.

Spielen und Sprechen. *Alte und neue Wortspiele mit Fingern, Händen, Füssen, Schatten, Requisiten.*
Dieses Werk wendet sich an Kinder, die aus dem Kinderversalter herausgewachsen sind, die aber für das eigentliche Kaspertheater oder Kindertheater noch zu klein sind. Es möchte alle – auch sprachlich unbegabte Kinder – zu eigener Sprachkreativität führen.
136 Seiten, mit vielen Fotos.

Naturspielzeug
Spiele mit Blüten, Blättern, Gräsern, Samen, Früchten. Die Natur bietet eine Fülle von Spielmaterial an, und das war wohl auch das ursprüngliche Spielzeug der Kinder. Die Autorin hat seit Jahren traditionelle Kinderspiele mit Naturmaterial gesammelt.
144 Seiten, mit vielen Fotos.

Kranksein und Spielen
Das Buch von Susanne Stöcklin-Meier kann eine Hilfe für Eltern und ihre Kinder sein, um mit dem Kranksein besser fertig zu werden. Die 250 Fotos von Andreas Wolfensberger zeigen verschiedene Spielsituationen in der Familie, im Kindergarten, beim Arzt und Zahnarzt sowie im Krankenhaus.
144 Seiten, mit vielen Fotos.

Verse, Sprüche und Reime für Kinder
Zum erstenmal wurden hier Kniereiterverse, Fingerverse und viele andere Bewegungsspiele, die eine Mutter ihr Kind lehrt, zusammen mit den Bewegungsabläufen veröffentlicht. Auch Zeichenverse, «Sauerkrautlatein» und Lügenmärchen wurden hier zum erstenmal gesammelt. Dieser Band ist eine wertvolle, unerschöpfliche Fundgrube für alle, die mit Kindern zu tun haben, die Kinder gern haben.
112 Seiten.

Lebendiges Kreisspiel
Eine umfassende Sammlung der beliebtesten und bekanntesten Kreisspiele, vom einfachen Abzählreim über die Leierspiele zu den Hochzeitsreigen, Kindermoritäten, Fangspielen bis hin zu den anspruchsvollen Tanzspielen.
120 Seiten.